电商直播营销

魏洪昌 ■ 主　编
李思正　张淑美 ■ 副主编

清華大學出版社
北　京

内容简介

本书围绕当前直播行业的发展趋势，全方位地讲解电商直播流程和方法，提供一站式直播解决方案，帮助读者更好地掌握直播营销和直播运营的方法。本书按照“以学生为中心，以成果为导向，促进自主学习”的原则，以直播流程为主体，把相关知识点和技能点分解到各个任务中。

本书由具有多年电商课程教学经验的教师编写，既可作为高等院校电子商务、市场营销及相关专业的教学用书，也可供新媒体类从业人员参考。

图书在版编目（CIP）数据

电商直播营销 / 魏洪昌主编. -- 北京 ：清华大学出版社，2024. 10. -- ISBN 978-7-302-67521-1

Ⅰ. F713. 365. 2

中国国家版本馆 CIP 数据核字第 2024G5G469 号

责任编辑：杜　晓　鲜岱洲
封面设计：曹　来
责任校对：袁　芳
责任印制：丛怀宇

出版发行：清华大学出版社
网　　址：https://www.tup.com.cn，https://www.wqxuetang.com
地　　址：北京清华大学学研大厦 A 座　　**邮　　编**：100084
社 总 机：010-83470000　　**邮　　购**：010-62786544
投稿与读者服务：010-62776969，c-service@tup.tsinghua.edu.cn
质量反馈：010-62772015，zhiliang@tup.tsinghua.edu.cn
课件下载：https://www.tup.com.cn，010-83470410
印 装 者：三河市铭诚印务有限公司
经　　销：全国新华书店
开　　本：185mm×260mm　　**印　　张**：7.75　　**字　　数**：177 千字
版　　次：2024 年 10 月第 1 版　　**印　　次**：2024 年 10 月第 1 次印刷
定　　价：46.00 元

产品编号：107637-01

前 言

随着网络直播的兴起，直播电商行业生态圈逐步完善，企业对“直播＋电商”人才的需求越来越大。作为电商从业者，如何把握住这一趋势，提升自身的竞争力和营销效果，成为摆在每个人面前的重要课题。

本书旨在帮助高等院校学生、广大电商从业者和企业了解直播营销的相关知识和技巧，提升他们的实战能力。与同类教材相比，本书增加了直播后台的操作方法，内容贴近实战，更注重实践操作，并且结合高等院校学生的特点，将知识学习、职业能力训练以及综合素质培养贯穿整个教学环节，全面体现职业教育新理念。本书着重分析各直播平台特点，引导学生从零开始学习电商直播，帮助学生更好地把握直播营销的核心要点和技巧，及时适应电商市场的发展。

本书由江西机电职业技术学院魏洪昌担任主编，江西机电职业技术学院李思正、张淑美担任副主编，江西机电职业技术学院李欢欢、重庆青年职业技术学院刘晏岑参编。我们相信，通过学习本书，读者能够更好地掌握直播营销的核心要点和实战技巧，从而为客户提供更优质的用户体验。

由于编者水平有限，书中难免存在疏漏和不妥之处，恳请广大读者批评、指正！

编　者

2024 年 5 月

目 录

项目一

认识直播

情景导入

电商直播作为当今互联网时代一个重要流量入口，2023 年中国直播电商市场规模为 4.9 万亿元，同比增长 35.2%，直播电商用户规模为 5.3 亿人。随着各大电商巨头的加入，国内直播电商行业竞争进入白热化阶段。李磊和王梅是电子商务专业大一的学生，他们希望加入电商直播行业中，了解电商直播的基础知识和岗位要求，为今后进行电商直播打下基础。

知识目标

- 了解直播的主流平台；
- 了解直播电商的主体；
- 了解直播电商的岗位要求。

技能目标

- 能够正确选择合适的直播平台；
- 能够正确选择直播的主体；
- 能够明确直播岗位所需要的知识和技能。

素养目标

- 树立改革创新的意识；
- 培养认真谨慎的学习态度；
- 培养直播电商职业道德和法律意识。

任务一 直播平台

随着直播行业的迅速发展，直播平台种类繁多，每个平台侧重的领域各不相同，优势和特点也各不相同，常见的直播平台分为电商直播平台、短视频直播平台、社交直播平台等。

一、电商直播平台

电商直播平台是推出直播业务的传统电商平台，可以提供商家边直播边销售、用户边观看边购买的服务。电商直播平台具有较强的营销性质，用户在平台上观看直播的目的十分明确，那就是购买商品，这使电商类直播平台在直播销售上具有先天优势。目前，具有代表性的电商类直播平台有淘宝直播、多多直播（拼多多直播平台）、蘑菇街直播、苏宁易购直播等。其中淘宝直播是阿里巴巴公司在2016年推出的电商直播平台，平台定位于“消费直播”，用户可边看边买，涵盖的范畴包括服装、母婴、美妆、家电等。淘宝直播不仅为消费者提供了更加直观和互动性强的购物体验，也为商家提供了一种新的销售和品牌推广方式。通过直播，商家可以更直接地与消费者沟通，展示产品特点和使用方法，从而提升销售和品牌知名度。淘宝直播的数据显示在2022年，成交额超百万元的直播间达到25000个，成交额过千万元且增速超过100%的品类达到334个。淘宝直播正在从一条河变成一个水系，直播流联通各个场域，流量更充沛、流速与循环都更快了。淘宝直播如图1-1所示。

图1-1 淘宝直播

淘宝直播新人有如下注意事项。

1. 淘宝直播封面图及标题发表规范

（1）封面图不可为模糊图片，不能使用表情包等。

（2）标题侧的直播标题不可是测试、试播、test。

（3）不得以暗示等方式误导用户，例如“观看人数××××”等。

2. 直播间里的服装禁忌

(1) 严禁低俗着装,直播服装应整洁得体。

(2) 严禁直播中穿军警类服饰,注意迷彩服图案是否属于军警迷彩图案。

3. 直播间里的内容禁忌

(1) 未成年人不可在直播间出镜,不可借未成年人营销,不可让未成年人在直播间推广商品。

(2) 不得使用国旗、国徽等做商品或服务宣传;不得利用国家领导人、历史英烈的肖像、姓名等做商品或服务宣传,如领导人同款/推荐等。

(3) 无版权不可以发布以下内容:未经许可不得在直播间发布新闻、游戏、电影、电视剧、综艺节目、体育赛事、境外节目等内容。

(4) 未经许可不得在直播中发布导致交易风险的外部网站的信息或商品,如发布私人手机号、社交、导购或第三方外部网站的 App 名称、logo、二维码、超链接等信息。

(5) 直播内容不可为低质量直播,例如,发布超过 15 分钟的录播视频、超过 15 分钟无人互动的挂机直播、多账号同时开播等情况。

4. 直播间里应避免的行为

(1) 直播间请避免不良习惯及危险行为,如抽烟、喝酒、展示文身或其他危险行为等。

(2) 直播间请避免不良价值导向,发布违背社会道德的内容。

(3) 直播间请避免封建迷信活动或内容,例如,宣扬算命、塔罗牌占卜、看手相聊情感、分析星座运势、看风水等。

5. 直播间里的禁语

(1) 避免出现不文明用语,如爆粗口、说脏话、辱骂、恶意诋毁、骚扰消费者和诋毁他人的行为等。

(2) 避免对商品进行虚假宣传,避免使用虚假宣传词汇,如极限词、最低价。

6. 直播间里的禁售商品

(1) 不可卖违禁商品。

(2) 不可推广假冒商品及侵权商品。

二、短视频直播平台

短视频直播平台以输出短视频为主,但随着直播行业的蓬勃发展,很多短视频平台适时推出了直播业务。平台上的用户除了可以上传、发布短视频外,还可以开通直播功能。短视频类直播平台的主播可以在直播间添加商品链接,引导粉丝点击链接,由此跳转至网店购买商品。

目前,具有代表性的短视频类直播平台有快手、抖音、西瓜视频、美拍、秒拍、腾讯视频号等。其中抖音是由字节跳动公司 2016 年 9 月 20 日推出的一款创意短视频平台,是一个面向全年龄段的短视频软件,用户可以通过该软件选择音乐上传短视频作品。作为短视频的主流平台,抖音不仅可以满足不同用户的需求,还能帮助用户获得流量,产生影响力,从而获得经济效益。抖音直播模块的多样性、低门槛、普遍性,吸引了广大用户包括一些明星在抖音直播带货，并创造了营销奇迹。可以说“直播＋电子商务”有无限的发展空间。在这种模式下的抖音直播市场也越来越大，直播收入也越来越高。

抖音直播主要分为娱乐直播、游戏直播、户外直播、带货直播。

1. 娱乐直播

娱乐直播的内容主要包括才艺展示（如唱歌、跳舞）、脱口秀、聊天等，如图 1-2 所示，这些内容旨在与观众产生互动，其中，才艺展示和与观众的互动是吸引观众和增加人气的重要因素。娱乐直播的成功很大程度上取决于主播与观众之间的互动，包括聊天和生活分享等，这种互动有助于增强观众的参与感和忠诚度。

此外，娱乐直播也依赖于粉丝通过送礼物和打赏来支持他们喜爱的主播，成为一种盈利方式。娱乐直播的观众群体广泛，包括不同年龄段的观众，如年轻人、老年人、家庭主妇等。

2. 游戏直播

游戏直播主要以电子游戏为主题，包括游戏实况、解说和教程等内容。游戏直播通过实时传输游戏玩家操作游戏的过程，使观众能够同步体验游戏内容和感受游戏氛围，如图 1-3 所示。这种直播形式不仅让观众学习新游戏技巧、了解不同游戏策略，还为电子竞技（电竞）比赛提供了直接的观看方式，使观众能够感受到电竞比赛的激烈和紧张。

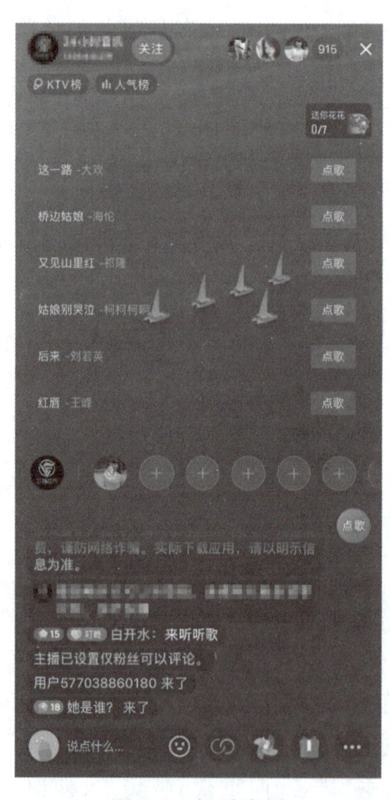

图 1-2 娱乐直播

图 1-3 游戏直播

此外，游戏直播也成了社交交流的平台，让玩家之间可以分享游戏心得和交流经验。随着技术的发展，如 5G 网络的普及，游戏直播的质量和互动性有望进一步提高，为观众带来更加沉浸式的体验。

3. 户外直播

户外直播是一种将实时的现场视频内容通过网络传输到观众端的活动，它允许观众在家中或任何地方观看到户外的实时画面，如图 1-4 所示，这种直播方式已经成为一种流行的直播方式，并且具有多重作用和意义。户外直播不仅可以提供新鲜的娱乐体验，让人们欣赏到户外美景，同时也能促进旅游业的发展。此外，户外直播还有助于促进科技发展，推动文化交流，以及提高社会参与度。

户外直播常常被用于旅游、户外运动、演唱会等场合，通过网络直播平台将户外活动的过程和场景实时传输给观众。户外直播可以让用户体验到与传统直播不同的视觉和听觉效果。

4. 带货直播

带货直播是一种通过网络直播平台进行的电子商务销售方式，如图 1-5 所示，在带货直播中，主播通过直播形式向观众展示和推销商品，同时引导观众进行购买。这种直播形式通常包括产品展示、产品介绍、互动问答等环节，通过主播的个人魅力和专业性，吸引观众进行购买，从而实现商品销售。

图 1-4 户外直播

图 1-5 带货直播

带货直播的特点包括以下几方面。

- 互动性强：主播可以与观众进行实时互动，解答他们的问题，增加购买的欲望。
- 内容丰富：主播可以通过直播展示商品的多个方面，包括外观、功能、使用方法等，使观众更全面地了解产品。

- 购物便捷：观众可以在直播过程中直接点击购买链接，实现即时购物。
- 信任度高：主播在直播中展示自己对产品的认可和使用经验，增加了观众对产品的信任度，促使购买行为的发生。

带货直播在我国电商领域非常流行，许多知名主播通过带货直播实现了巨大的销售业绩，也为电商行业带来了全新的营销方式。

三、社交直播平台

社交直播平台是指线上直播业务的社交平台，这类平台原本以用户社交为主，在增添直播功能后，平台上的用户除了可以实时与他人分享生活方式、发布即时信息外，还可以开通直播、观看直播等。目前，常见的社交类直播平台有微信视频号、微博直播、小红书直播等。

其中，微信视频号直播是微信生态下的一个新型直播平台，属于社交化媒体平台，如图 1-6 所示。微信视频号直播基于微信的庞大用户群体，提供了一种新型的社交互动方式。在这个平台上，用户可以发布直播内容，包括但不限于直播带货、教学等。微信视频号直播支持多种直播方式，如手机直播、推流直播和外部输出直播，每种方式都有其独特的特点。

图 1-6　微信视频号直播

微信视频号直播不仅支持点赞和评论互动，还可以分享到朋友圈或聊天场景中。它的界面设计简洁明了，用户可以在手机上直接发布内容，包括图片和视频，并且可以带上文字和公众号文章链接。

此外，微信视频号直播对用户进行了详细的运营规范说明，强调了遵守法律法规及平台规则的重要性，以确保内容的合规性和平台的健康发展。

任务二　直播主体

直播的主体通常是指在直播平台上进行直播的个人、团体或机构，也就是负责直播内容制作和呈现的实体。

一、个人主体

这类直播主体指在平台上发布直播内容的是个人账号，例如有影响力的“网红”、名人、官员，也可以是“素人”。他们通过直播向观众展示内容，吸引观众的关注和参与，实现各自的宣传、营销或者个人品牌建设目的。个人通常只能在一个平台开设一个账号，且需年满18岁。

1. “网红”

“网红”也叫“网络红人”(influencer)是指在现实或者网络生活中因为某个事件或者某个行为而被网民关注从而走红的人或长期持续输出专业知识而走红的人。他们的走红皆因为自身的某种特质在网络作用下被放大，与网民的审美、娱乐、刺激、臆想、品位以及看客等心理相契合，有意或无意间受到网络世界的追捧，成为“网红”。他们通过网络的影响力和流量，进行商品推荐、知识分享或其他形式的互动，从而与观众建立联系并实现变现。也可以通过直播平台进行内容传播和互动。网红直播的内容可以非常多样，包括但不限于才艺展示，如唱歌、跳舞，以及直播带货等。

例如把一首“挖呀挖”儿歌唱红全网的黄老师。她曾在5个月内涨粉近800万，还引发了不少网友模仿，近日，她开启了自己的直播带货模式。数据显示，黄老师近30天内共开播5场，场均观看人次582.3万，最高观看人次814.8万，直播销售额100万～250万元。

2. 名人

现在越来越多的名人加入直播平台，名人直播有以下几个优势。

1）粉丝号召力

名人最大的优势是拥有粉丝号召力，比如陈赫，一部爱情公寓，就让他吸引了一大批粉丝，陈赫的首场带货直播同时观看人数最高为73.9万人，共产生订单数46.3万单，销售额达8122.9万元。

2）平台流量倾斜

名人也是流量的焦点，平台将名人直播带货打造成一个事件进行营销，让更多人知道直播带货的效果，从而吸引更多人加入进来，所以，名人与平台就达成了利益互补，平台自然愿意给名人更多的流量倾斜。

3）变现效果好

名人之所以热衷于直播带货，是因为效果很不错，一方面，可以提高名人的口碑，另一方面，也能产生丰厚的回报。就连许多直播达人都要邀请名人做客直播间来增加流量。

3. 官员

官员直播，看似最近刮起的新风尚，但其实早已有之。早在2016年12月，在淘宝直播活动中，7个省(区市)的8名县官“说学逗唱”，推介家乡土特产，网友观看人数超过115万，点赞数高达5469万次。随着电商、移动直播的发展，以及脱贫攻坚的需要，越来越多的官员参与直播带货。去年“618年中购物节”期间，全国更是有60多个贫困县县长化身带货主播。迅速发展的官员直播带货，不禁让人为之点赞。一方面，变危为机，助力农货出村，缓解了农产品滞销的局面，让更多农民尝到了甜头，加快了农产品触网。另一方面，这更是当今官员转变思维，主动拥抱新媒体的表现。官员通过直播，服务人民群众，创新又接地气，既履行了本职工作，又展现了亲民的作风。

4. “素人”

直播不是“网红”、名人的专利，除了政府官员外，“素人”也是可以直播的，“素人”虽然没有丰富的经验，但是朴实简单的风格，也能获得不错的直播效果，素人直播内容多样化，包括生活记录、知识分享、游戏娱乐等。在素人直播平台上，观众可以与主播互动、聊天、送礼物等。素人直播具有很高的参与度和互动性，观众可以实时发表评论和弹幕，这使直播不再是单向传播，而是一个交流的平台。由于素人直播的门槛低，这种直播方式逐渐受到欢迎，不仅是年轻人，很多中老年人也会参与直播，分享自己的经验和故事。

二、企业主体

这类直播主体是指在平台上发布直播内容的是企业账号，这个企业既可以是商家，也可以是 MCN 机构。通常一个企业可以在一个平台开设多个账号进行直播，根据平台的不同，开设账号的数量也不同。

1. 商家

这类直播间通常以产品或品牌命名，如天猫直播间、煌上煌直播间等。以直播间为载体，通过直播平台进行营销活动，以达到宣传直播内容、促进带货产品销量增长，提升品牌形象的目的。

2. MCN 机构

MCN 其实是舶来品，最早诞生于国外视频网站 YouTube，相当于创作者和 YouTube 之间的一个中介。随着中国媒体社交平台日趋成熟，我们熟悉的微博、微信、小红书、抖音中都出现了一些拥有超高粉丝量的红人，MCN 在经纪模式基础上，通过平台合作、商业化广告、电商运营、用户运营等方式，为不同领域潜力红人量身打造不同定位的发展方案。简单来说，MCN 就像一个经纪公司，上游对接优质内容，下游寻找推广平台进行变现，如图 1-7 所示。

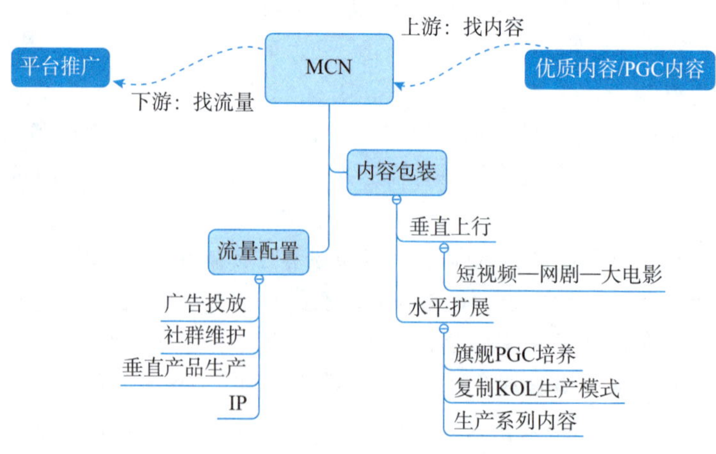

图 1-7　MCN 机构

加入 MCN 的优势如下。

1）指导和培训

几乎所有的 MCN 机构都能够提供专业的指导和培训，包括平台的规则、培训、写作技巧，以及提供快速过原创加 V 开通收益的绿色渠道。

2）流量扶持

各大平台对入驻的 MCN 机构都是有流量包支持的，MCN 机构拿到了平台的流量包之后，会分配给旗下的个人。

3）商业变现

MCN 机构将众多的个人抱团在一起，更加容易接到具有价格优势的广告、商业活动，也更容易进行带货。

4）品牌打造

如果本身是一个不知名的普通创作者，那么加入一个知名的 MCN 机构之后，等同于加入了一个知名的公司，有利于提升自己的品牌知名度的。

5）保底收益

有一些 MCN 机构是有收益保底的，但是也有一些没有，如果能够提供保底收益，那么对很多新人来说，是一个不错的经济保障。

任务三 直播电商岗位

一个成熟的直播团队需要具备以下几种岗位。

一、主播团队

主播团队一般由主播、助播/副播构成。

主播是一场直播中出镜最多的人，也是最熟悉产品和直播间氛围的人；直播前主播应熟悉流程和产品，直播时讲解产品。

助播/副播是协助主播直播的人，通常负责补充讲解产品和回答粉丝问题；直播前熟悉流程和产品，直播时讲解产品并解答直播间问题。

1. 主播岗位的能力要求

1）岗位职责

- 作为直播间的主要角色，负责主持整场直播。
- 熟练掌握直播间相关话术，能在不同直播环节中进行话术调整。
- 具备销售心理学的基础知识，能及时判读销售机会，能顺利完成粉丝转化和销售转化的任务。
- 熟悉整个直播流程，能与助播及运营团队进行良好的配合，了解直播中不同环节的侧重点，能控制直播节奏。

- 参与选品策划，了解用户喜好，善于从用户角度观察直播电商的选品逻辑，熟悉选品匹配度。
- 能保持稳定的开播时间，能保证一定的开播量，一般一个月直播在 20 天以上，每天至少直播 4 小时。

2）技能要求

- 基础能力：口头表达流利，掌握产品的相关知识，能够熟练进行产品介绍，熟悉产品卖点，熟练掌握销售技巧。
- 状态要求：敢于在镜头前进行表达和表现，并能接受长期、稳定的直播时长。
- 心态要求：敢于面对直播过程中观众的争气或坦然面对观众尖锐的提问，具备一定的控场和应变能力。
- 其他要求：有高颜值或其他表演才艺（唱歌、跳舞或其他专业才艺）等加分项，具备良好的个人素养，能在直播中保持良好的精神状态，具备一定的心理承受能力，能控制负面情绪。

3）素质要求

- 具备良好的道德素养、人文素养、科学素养。
- 具备较高的网络文明素养、电子商务诚信与信用素养、信息安全与保密素养。
- 具备良好的人际沟通素质和团队合作精神。
- 具备基本的创新精神和创业意识。
- 总之，主播岗位需要具备多方面的能力和素质，包括语言表达能力、互动沟通能力、专业知识储备、形象气质塑造、直播技巧掌握、应变能力处理、团队协作配合及数据分析提升等。这些能力和素质将有助于主播在竞争激烈的媒体行业中脱颖而出，成为观众喜爱的优秀主播。

2. 助播/副播岗位能力要求

1）岗位职责

- 作为直播策划间的辅助角色，协助主播推进直播进度。
- 深度参与直播流程策划，在整个直播过程中配合主播进行不同环节的转换和调整。
- 熟悉直播平台规则，能帮助主播避免违规操作及用语。
- 熟悉选品规则，对产品有深度的了解，能帮助主播补充产品的相关知识。
- 掌握相关的销售心理学知识及话术，能在直播过程中洞悉观众的心理变化，通过话术活跃互动。
- 具有良好的个人素养，能坚持做幕后策划，成就主播的人设。
- 能保持稳定的开播时间，能保证一定的开播量，一般一个月直播在 20 天以上，每天至少直播 4 小时。

2）技能要求

- 基础能力：有良好的口头表达能力，具备较强的协调和配合能力。
- 状态要求：有临场应变能力，能对直播过程中的突发事件进行紧急处理。
- 心态要求：甘于给主播当助手，不喧宾夺主。

- 其他要求：对行业有专业见解。

3）素质要求

- 具备良好的道德素养、人文素养、科学素养。
- 具备较高的网络文明素养、电子商务诚信与信用素养、信息安全与保密素养。
- 具备良好的人际沟通能力和团队合作精神。
- 具备基本的创新精神和创业意识。

二、直播运营团队

直播运营团队一般由直播运营、活动运营、直播场控、直播策划、运营助理组成。

直播运营是推进直播工作的人，包括产品卖点提炼、直播玩法、官方活动等；推动直播的产品、内容、服务三方面，提高直播可看性和直播产出结果。

活动运营是策划直播活动的人，负责对接官方活动并报名参加，争取活动资源和流量；策划自运营直播活动，并关注平台官方活动和各地区政府、产业带的活动。

直播场控是在直播时提升直播间粉丝活跃和互动氛围，增加粉丝停留和购买兴趣的人。

直播策划是策划直播间内容文案的人；确定直播间流程、脚本、提词等（不少团队直播运营兼任直播策划）。

运营助理是协助直播运营开展工作的人，比如记录直播数据，统计竞争对手数据等。

直播运营团队岗位能力要求如下。

1. 岗位职责

- 负责直播的整体统筹和执行，能匹配直播的人设和定位。
- 熟悉并掌握各个平台的特点及优势、劣势，能根据直播内容及产品选择合适的平台。
- 熟悉并掌握直播电商的策划操作，能策划直播操作流程。
- 熟悉供应链的相关知识，能确定选品操作规范。
- 具备数据分析能力，能分析平台数据，及时调整直播策划方案以及优化选品。

2. 技能要求

- 基础能力：有良好观察能力，注意细节，执行力强。
- 状态要求：有良好的沟通和协调能力，能快速判断并调配具有高价值的资源。
- 技能要求：熟悉平台规则，具备内容策划能力，能根据产品策划直播活动。
- 其他要求：熟悉产品供应链，能根据选品及时调整定价及策划内容。

3. 素质要求

- 具备多个电商岗位的实践经验，具备较强的管理能力。
- 具备良好的职业素养和抗压能力，能适应直播电商的高强度的工作节奏。
- 具备良好的个人素养，善于总结。

三、客服团队

客服团队一般由售前客服、售后客服组成。

售前客服是在用户下单前解决用户问题的人。

售后客服是在用户下单和收货后解决用户问题的人。

客服团队岗位能力要求如下。

1. 岗位职责

- 负责收集客户信息,了解分析客户需求,策划客户服务方案。
- 熟悉产品信息,掌握一定的沟通技巧,能策划客户服务方案。
- 负责进行有效的客户管理和沟通,了解客户的需求,跟进、回访客户、提高服务质量,负责发展、维护良好的客户关系。

2. 技能要求

- 基础能力:对待客户热情大方,能积极主动帮助客户解决能力范围内的问题。
- 状态要求:工作热情,耐心仔细,能保持高效的工作状态。
- 技能要求:打字速度快,能同时应对多人在线咨询,并能及时、正确地做好备注工作。

3. 素质要求

- 具备高度的责任心。
- 思维敏捷,沟通能力强,有良好的随机应变能力。
- 能妥善解答客户疑问,推介产品,熟悉促销、订单及售后相关流程。

实训任务

实训背景

同学们学习了直播平台特点和直播主体以及直播电商岗位要求后,对直播平台,直播主体,以及直播岗位有了深刻的认识。

实训目的

总结归纳知识点,对学习过程和成果做综合评价。现在有一款适用于25～35岁年龄段的国货美妆需要直播带货,请分别对平台、主体以及工作岗位进行选择。

实训步骤

(1) 根据自身特点,选择直播平台。

(2) 根据自身特点,选择直播主体。

(3) 根据自身特点,确定直播岗位。

(4) 分组并讨论方案,由小组长向全班陈述并讲解方案。

(5) 教师对各小组成果做综合评价。

项目总结

通过本项目学习,同学们了解了直播平台的分类,直播的主体,以及直播岗位的岗位要求。通过实训活动,深入参与的同时,能够根据自身特点去合理选择,为成为一个合格的电商直播人才奠定了基础。

拓展阅读

国货品牌留住“高光时刻”，价值和情怀何妨“抱团”

最近不少老国货品牌迎来高光时刻，网友戏称“泼天的富贵”终于轮到这些国货品牌了。

在这场国货“安利”战中，蜂花率先凭借“79 元产品套装”等相关视频、互动，获得首批大量关注。“活力 28 衣物清洁旗舰店”凭借主播大叔的“非专业性”，硬是带货带到了新星主播第一名。南方黑芝麻糊、白象方便面、大白兔奶糖等“80 后”“90 后”耳熟能详的名字，也纷纷加入狂欢。

直播间里的必杀技：情怀、性价比

老国货品牌抱团火出圈，有蹭热点的偶然性因素，更重要的还是自身实力没有掉线。蜂花洗发水、六神沐浴露、郁美净儿童霜等老国货品牌，这些年在很多家庭的生活中未曾缺席，或许不是主角，但因价平物美、颇具信誉，也自有其一席之地，主打低调和稳定的陪伴。

而国货品牌被“野性消费”也不是第一次了。据过往数据，2021 年鸿星尔克爆红后的两个月，就开始出现掉粉；蜂花也并非第一次面对突如其来的热搜和关注，曾经凭“十年涨价 2 元”出圈，但大部分时候比较平静。

用真诚留住高光时刻，让情怀持续长久

不少国货品牌能够提供给消费者丰富的情怀体验，延伸了产品价值，但也要避免一味地过度消费情怀。国货品牌未来的路怎么走，还需理性思考。消费者“自来水式”的宣传靠的并非一时脑热，更多来自对国货品牌发自内心的认可。一时获得更多关注出圈出货值得欣喜，但长远的选择权还是在消费者手上。当然，在国货品牌自身努力的同时，相关部门、社会各界也不妨对诚信、用心、用情的国货品牌给予更多扶持和关心，帮助其营造良好的创新发展环境。

有一句话说得好：真诚是永远的必杀技。当内在价值和外显情怀“抱团”，真诚的国货品牌才能提供给消费者、同时给自身带来品牌价值最大化，才能促进网络消费市场的良性健康发展。

（资料来源：扬子晚报）

项目二

直播间的搭建

情景导入

李磊和王梅组成的学习小组，学习了电商直播的基础知识后，对电商直播跃跃欲试。老师交给他们一个任务，准备进行一场对休闲零食的直播，首先需要有个可以直播的直播间，学习小组于是通过调研，市场走访，对直播的要求做详细分析，了解直播所需要软硬件配置，着手打造一间适合小组直播的直播间。

知识目标

- 了解直播间内所需要设备；
- 了解直播间的灯具选择和灯光布置方式；
- 掌握固定直播间的搭建方法；
- 掌握移动直播间的搭建方法。

技能目标

- 能够按需罗列直播间的设备清单；
- 能对直播间设备进行使用和维护。

素养目标

- 具有信息意识和良好的信息收集能力；
- 具备职业素养和良好的沟通交流能力；
- 具有团队合作精神，在竞争合作中培养团队凝聚力。

任务一 搭建直播间条件

直播间的搭建对于直播效果有着至关重要的作用。一个舒适的直播间能够提供良好的直播体验，吸引更多的观众。而一个优秀的直播间，不仅能提升直播效果，还能增加观众的黏性，提高直播间的流量。

一、硬件条件

搭建直播间的硬件条件包括手机、计算机、电源、网络、摄像头、麦克风、声卡、支架等。

1. 手机

直播所需要使用的手机运行速度快、内存充足、像素高、性能稳定、手感较好，才能保证直播的画面达到较好的状态，如图 2-1 所示。

2. 计算机

直播时使用的计算机通常配置较高，具有内存较大、运行速度快，并配有独立声卡等特点，显示器一般采用 27～29 英寸，如图 2-2 所示。如果使用笔记本电脑，建议屏幕不低于 14 英寸，如果屏幕太小，长时间观看会使眼睛疲劳，造成直播时重要信息遗漏。为便于主播与粉丝交流互动，通常还会多准备一个大屏直播显示器，屏幕一般不低于 42 英寸，如图 2-3 所示。

图 2-1 手机

图 2-2 台式计算机

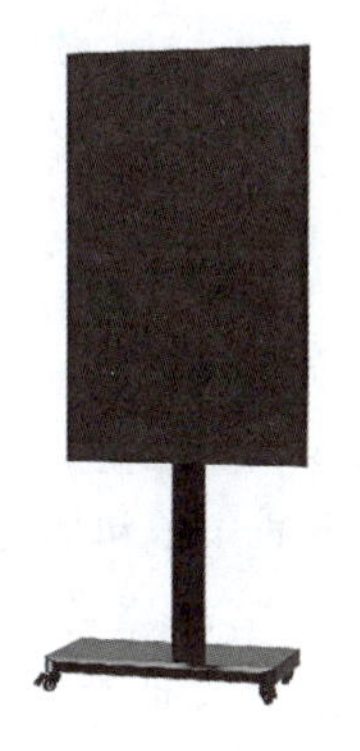

图 2-3 直播显示器

3. 电源

直播时必须保证电量充足，充电器能快速地给手机和笔记本电脑进行充电，而直播团队进行户外直播时，对电池的续航能力要求高，同时便携移动充电宝也必不可少。

4. 网络

稳定、快速的网络直接影响直播间画面质量及观众的观感体验，户外直播时需要使用超大流量卡，将流量通过移动 Wi-Fi 设备，转换成无线网络热点供移动设备使用，以保证户外直播对网络的需求。

5. 摄像头

目前直播间使用的摄像头分为高清摄像头(图 2-4)和红外摄像头,一款性能优越的摄像头必不可少,高清摄像头较普通摄像头具有更高的光谱矫正能力,可以更好地避免画质虚化,更加真实地呈现画面,而红外摄像头则能自动补光,使主播皮肤看起来更有光泽,具有一定的美颜作用。如果采用单反相机(图 2-5)作为图像采集工具,还需配备视频采集卡。

图 2-4　高清摄像头

图 2-5　单反相机

6. 麦克风

麦克风(图 2-6)分为动圈麦克风和电容麦克风,大部分主播使用的是电容麦克风,电容麦克风非常灵敏,为防止爆音和杂音,会准备配套的防喷罩,户外直播时为了防止噪声,都会配备收音设备(图 2-7),它决定了直播时声音是否清晰响亮,所以要尽可能采用支持多设备连接的麦克风。

图 2-6　麦克风

图 2-7　收音设备

7. 声卡

声卡分为内置声卡和外置声卡,这里提到的声卡主要是供手机直播时使用的外置声卡,当使用手机直播时,很难同时打开播放器,而外置声卡此时能够播放背景音乐和声效(掌声、笑声等),能起到活跃直播间气氛的作用,让直播间更加真实和场景化。声卡连接图如图 2-8 所示。

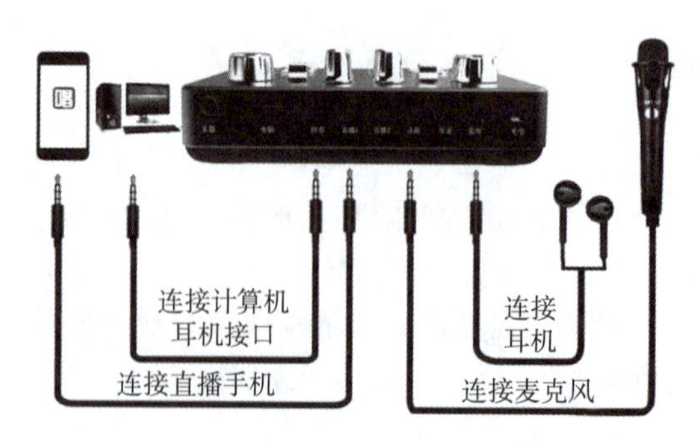

图 2-8　声卡连接图

8. 支架

在直播过程中，手机或摄像头都需要对摆放角度和位置调整，并且要尽可能保持稳定，避免画面抖动，以达到良好的直播效果，这时候我们就必须使用支架，直播支架包括固定机位的直播支架和移动机位的防抖支架，如图 2-9 所示，固定机位的支架有单机位支架和多机位支架。移动机位防抖支架包括手持手机稳定器和手持防抖云台，如图 2-10 所示。

图 2-9 多手机支架　　图 2-10 云台

二、软件条件

直播过程离不开直播软件的配合使用，常用的直播软件有 OBS 等。OBS(open broadcaster software)是一款免费且开源的流媒体软件，如图 2-11 所示，广泛用于直播、录制视频和创建实时流媒体内容。它提供了强大的功能，包括多通道音频/视频捕获、实时混音、场景切换、图像合成等。通过 OBS，用户可以将他们的屏幕内容、摄像头、音频输入等多种来源组合成一个流畅的直播或录制内容。这使它成了许多游戏玩家、博主、教育者和专业制作人的首选工具之一。

图 2-11 OBS 直播软件

OBS 可以应用到下面各种场景。

游戏直播：OBS 是最受游戏主播喜爱的直播软件之一，支持多种游戏平台的支持，能有实时录制和直播游戏画面，提供丰富的视频和音频特效，同时支持聊天功能。

教育和培训：OBS 可以作为在线教育和培训的软件，可以录制教学内容，并同时进行直播，使身处异地的学生也能实时参与课程。

企业视频会议：OBS 可以作为视频会议软件的替代品，它提供了更高的灵活性，可以录制视频会议的内容，并在多个平台上进行直播，方便企业内部成员或外部合作伙伴观看。

线上活动和演出：OBS 可以用于线上音乐会、演讲、艺术表演等活动，它能提供优质的视频和音频特效，并支持聊天功能，使观众能够与演出者进行互动。

OBS 可通过以下步骤实现推流直播。

1. 下载并安装 OBS 软件

进入 OBS 官网，根据计算机系统下载对应的版本，如图 2-12 所示。

图 2-12　选择 OBS 软件安装版本

2. 找到推流地址

找到直播平台的推流地址和推流密钥并复制，如图 2-13 所示。

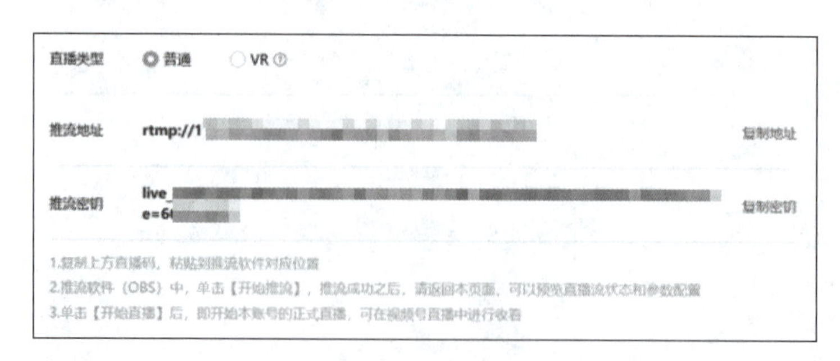

图 2-13　直播平台的推流地址

3. 设置 OBS 推流

安装好 OBS 推流软件之后，单击“设置”按钮，如图 2-14 所示。

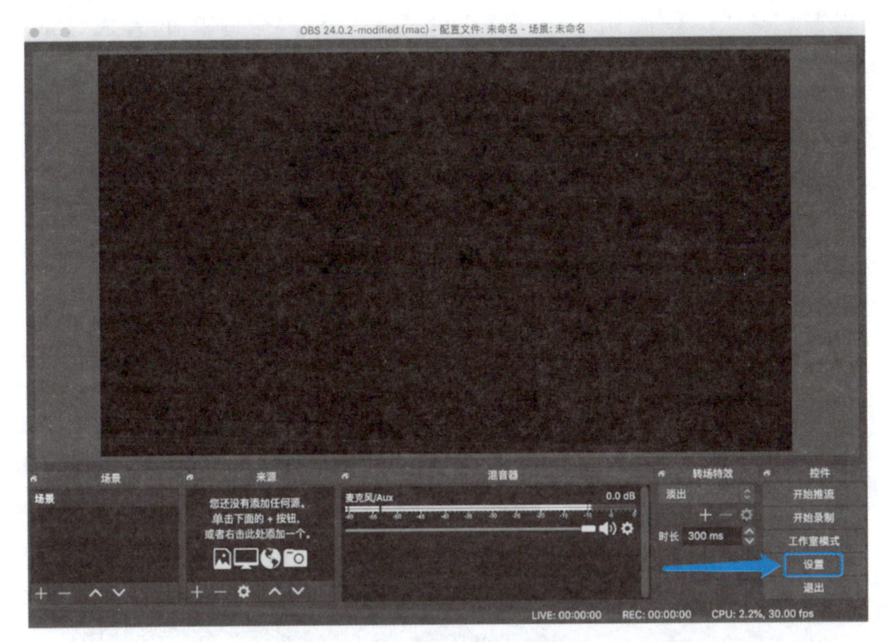

图 2-14 设置 OBS 推流(1)

在左侧选择“推流”设置项,在右侧填写服务器和串流密钥 ,如图 2-15 所示。

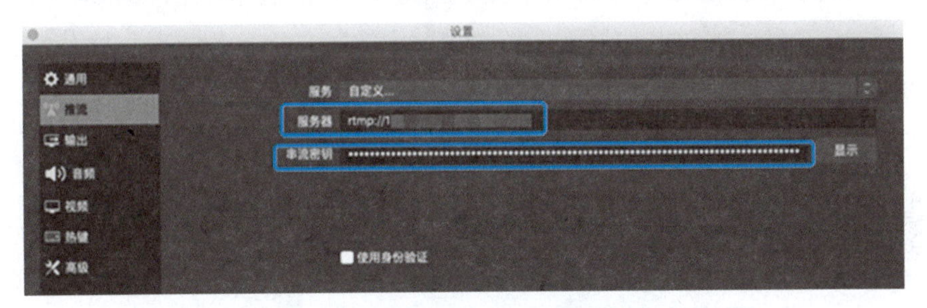

图 2-15 设置 OBS 推流(2)

设置“输出”格式,“重新缩放输出”选择“1280×720”,如图 2-16 所示。

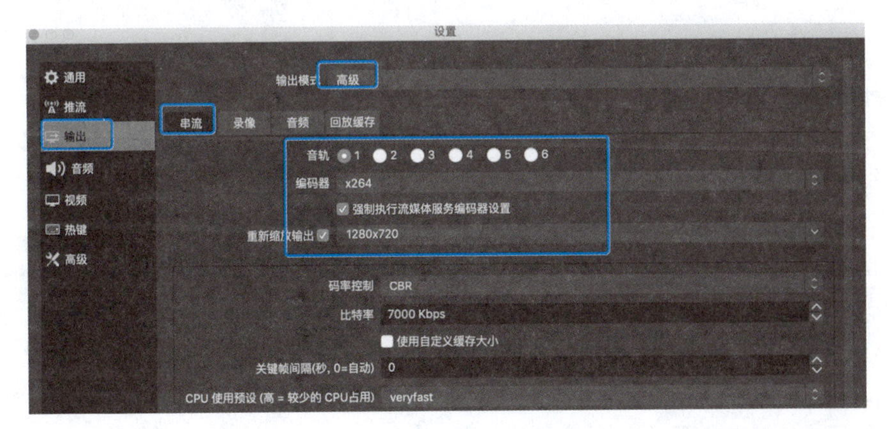

图 2-16 设置“输出”格式

设置“视频”格式，“基础（画布）分辨率”和“输出（缩放）分辨率”设置成“1280×720”，如图 2-17 所示。

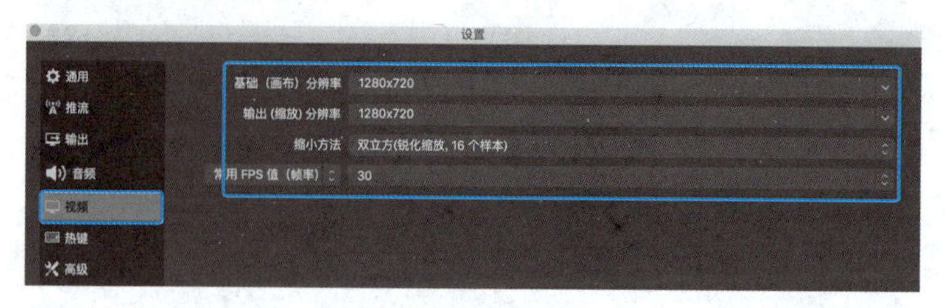

图 2-17　设置“视频”格式

单击“媒体源”按钮，可以添加录制好的视频、摄像头、麦克风内容等。添加完成后，单击“开始推流”按钮，如图 2-18 所示。

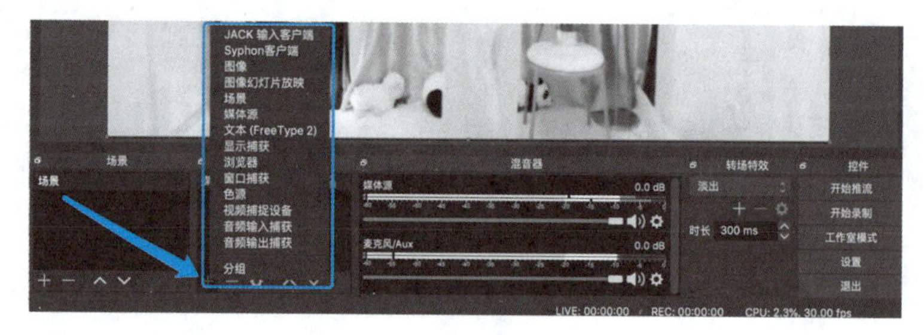

图 2-18　设置“媒体源”

计算机端的直播软件，解决了手机直播时操作的局限性，让直播中的操作更加便捷，直播内容更加丰富。因此各大直播平台也都推出了自己的直播软件，建议选好直播平台后使用官网的直播软件。

任务二　固定直播间的搭建

一、场地布置

固定直播间的场地需要更加细致地考虑布局，为直播营造一个良好的空间环境。

1. 选择合适的空间

在直播时，选择一个安静、私密的空间，最好是专门用于直播的房间，以减少外界干扰和噪声。考虑空间的大小和形状，确保能够容纳所有设备并提供主播活动的空间。

2. 布局设计

设计一个固定的布局，包括摄像头、照明设备、背景等的位置。这样可以节省时间，并确保每次直播时都有一致的外观。确保摄像头的位置可以捕捉到主播和主要活动区域，同时不会阻碍主播的视线。

3. 设备固定和管理

将摄像头、麦克风和照明设备固定在适当的位置，以确保它们不会在使用过程中移动或摆动。对所有设备进行标记和编号，并建立一个设备清单和维护计划，以便及时进行维护和更换。

4. 电缆管理

对电缆进行整理和管理，使用电缆槽、束线器等设备来避免杂乱的电缆布局，确保安全和整洁。

5. 舒适性和实用性

设计一个舒适的工作区，包括合适的椅子、桌子和其他必要的设备，以确保主播在直播过程中能够保持舒适和专注。考虑添加一些装饰和个性化元素，使直播间更具个性和吸引力，但要确保它们不会分散观众的注意力。

6. 安全考虑

确保所有设备和电源线路符合安全标准，定期检查并及时更换老化或损坏的设备。在可能的情况下，安装火灾报警器和灭火设备，以应对突发情况。

二、背景装饰

直播间的背景装饰是直播环境中一个很重要的元素，它可以传达信息、营造氛围，甚至影响观众对直播内容的印象。背景装饰有以下几点要求。

1. 简洁而专业

选择一个简洁、专业的背景，避免过于杂乱或花哨的装饰，以确保观众专注于主播和内容。使用简单的背景色或纹理可以帮助突出商品、主播和其他元素，同时不会分散观众的注意力。

2. 与主题相关

如果直播内容有特定的主题或领域，可以选择与之相关的背景元素，例如在游戏直播中使用游戏角色或场景作为背景。但要确保背景元素不会过于繁杂，以免影响观众对主播和内容的关注。

3. 个性化和品牌化

考虑添加一些个性化和品牌化的元素到背景中，如品牌标志、口号或主题色彩，以加强品牌形象和辨识度。但也要注意不要让这些元素占据太多主视野，以免影响观众的体验。

4. 交互元素

在背景中添加一些与内容相关的交互元素，如展示产品、显示评论或弹幕，以增加直播的互动性和吸引力。这些元素应该被设计得不会分散观众的注意力，而是能够与主播和内容相协调。

5. 定期更新

定期更新背景设计，以保持直播间的新鲜感和吸引力，同时也可以根据不同的季节、活动或主题进行调整。这样可以让观众感到你对直播内容的重视，并且增加他们的参与度和黏性。

6. 绿幕背景

采用绿幕背景,通过绿幕软件,可以随意切换直播间背景,相比定制背景有速度快、成本低的特点,如图 2-19 所示。

图 2-19 绿幕背景

三、灯光照明

灯光在直播间必不可少,光线不足会导致直播画面阴暗沉闷,观看体验下降。优秀的灯光布局能决定直播间整体的质感及层次,灯光布局好了,直播间整体的质感和观感可以提升不止一个档次,不仅能让主播看起来气色更好,还能使整个直播间变得更加舒适,给观众一个良好的体验。

1. 室内灯

直播间应保持明亮,确保整体光线适中且均匀分布,特别是顶灯的光线散布要均匀。

2. 补光灯

大多数主播会用补光灯照亮面部,以便让观众更容易看清自己的脸部,通常主播常用的补光灯是环形补光灯,如图 2-20 所示。

3. 摄影灯

专业直播间通常不使用顶灯,而使用专业的摄影灯代替,专业的摄影灯可以有效减少画面的噪点,尤其是夜间的户外场景下,更能提升直播质量,如图 2-21 所示。

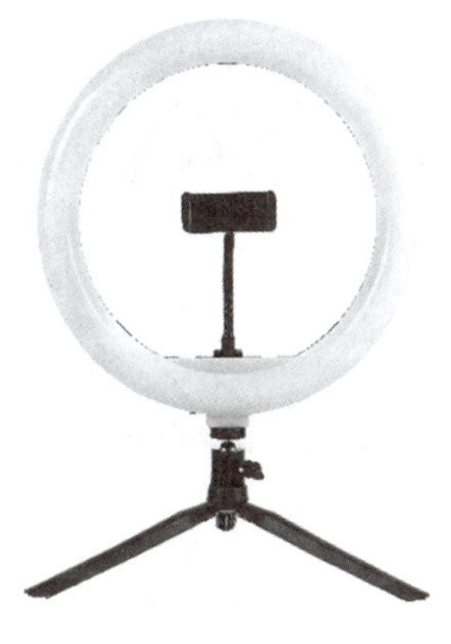

图 2-20 环形补光灯

图 2-21 摄影灯

4. 柔光箱

柔光箱是配合摄影灯的部件，由柔光罩和柔光布构成，可以有效散射光源，使光线均匀分布，如图 2-22 所示。

图 2-22 柔光箱

5. 反光伞

反光伞有良好的反光性能，可以调节闪光灯的色温。在拍摄中，最常用的反光伞大多是白色的或银色的，如图 2-23 所示。

6. 遮光板

遮光板的作用是遮挡强光，使强光变弱，以达到合适的光比，使直播间的光效更好，如图 2-24 所示。

图 2-23　反光伞

图 2-24　遮光板

四、布光

如何合理地布光是一门学问，直播间需要根据实际需求选择灯具和布光。例如，在介绍口红、彩妆等小物件的时候，可以在桌面上摆放多个圆形布光灯；当需要介绍外套、裤子等大物件时，主播站位直播，可以使用较大的摄影灯。直播间布光如图 2-25 和图 2-26 所示，应注意以下几点。

（1）人物和背景之间拉开距离。

（2）留意光心的落点。

（3）主/辅光的光心并未落在脸上而是上半身，顶光的光线落点并未落在人物头顶，而是主播身后。

（4）根据环境尝试调整灯光功率就可，不需要开到 100%，建议关闭室内照明，仅使用直播灯光。

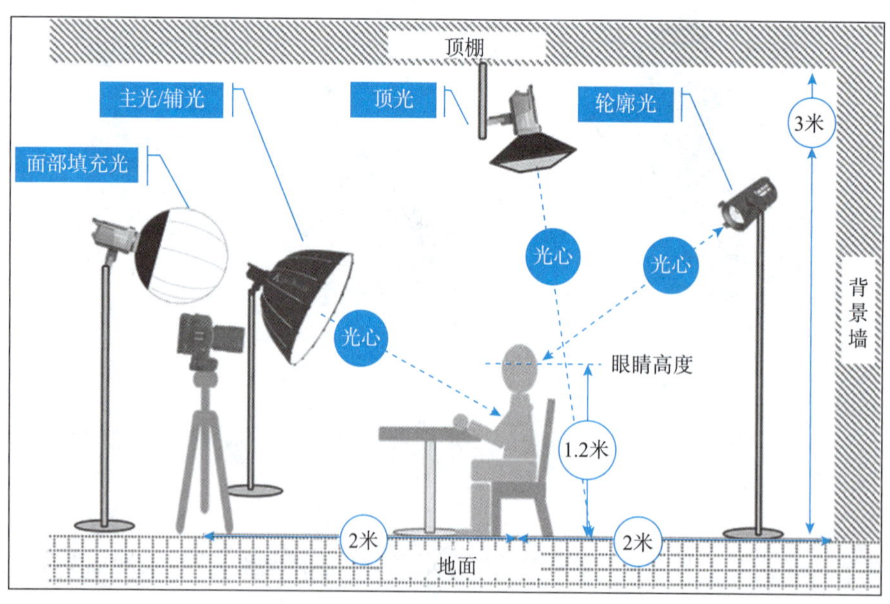

图 2-25　直播间布光侧视图

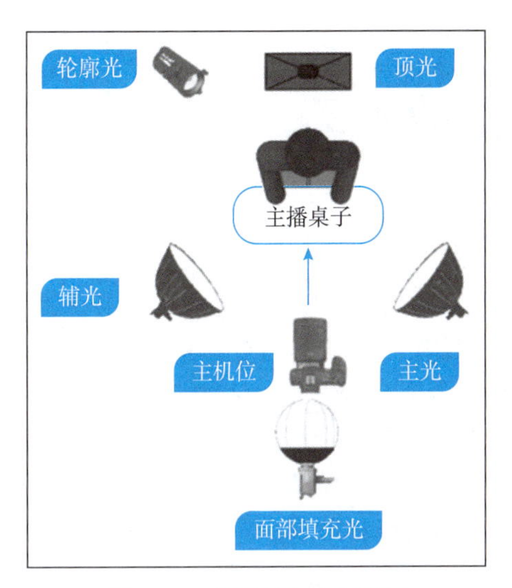

图 2-26 直播间布光顶视图

任务三 移动直播间的搭建

移动直播间指的是可以随时变换位置的直播间，既可以从室内移动到室外，也可以是搭建在田间地头、工厂或商场。移动直播间的形式多样，包括户外直播、原产地直播、供应链直播等形式。

一、户外直播

户外直播是指在户外环境中进行的直播活动。通常情况下，户外直播通过摄像设备和网络连接，将户外实时场景或活动实况传输给观众。这种形式的直播可以涵盖各种内容，例如户外运动比赛、野外探险、自然风光、户外活动等。户外直播的特点包括以下几点。

(1) 自然真实：户外直播展现了自然环境中的真实场景和自然景观，观众可以在实时的直播中感受到户外环境的真实氛围。

(2) 冒险体验：对于观众来说，户外直播提供了一种身临其境的体验，可以感受到野外探险或户外活动的刺激和挑战。

(3) 娱乐性：户外直播通常涉及一些具有娱乐性的活动，如户外运动比赛、音乐节、露营活动等，能够吸引观众的兴趣。

(4) 教育意义：一些户外直播活动也具有教育意义，例如生态环保活动、自然科学考察等，可以帮助观众增长知识和意识。

(5) 挑战性：由于户外环境的不确定性和挑战性，户外直播可能面临更多的技术挑战，例如网络连接的稳定性、摄像设备的防水防尘等。

总的来说，户外直播为观众提供了一种身临其境的体验，展现了自然环境和户外活动的魅力，同时也具有娱乐性和教育意义。

二、原产地直播

原产地直播是指从商品原产地直接传输到观众的设备上。这种形式通常用于展示特定地区的文化、风景、活动或者其他有趣的内容。比如，一些旅游目的地可能会通过原产地直播来展示当地的风土人情，或者一些特色活动的实况。原产地直播有以下特点。

（1）真实性和实时性：原产地直播能够实时传输真实的场景和事件，观众可以在第一时间感受到当下的情况，增强观看体验的真实感和互动性。

（2）文化交流：原产地直播可以帮助观众了解和体验不同地区的文化、风土人情，促进跨文化交流和理解。

（3）全球观众覆盖：通过互联网，原产地直播能够覆盖全球的观众，不受地域限制，使更多人能够参与到活动或者体验中来。

综合来说，原产地直播为观众提供了更加便捷、真实的体验，同时也促进了文化交流和环境保护。

三、供应链直播

供应链直播也称为仓库直播，多应用在电商平台。供应链直播的特点是展示备货充足，厂家直发和价格优惠。供应链直播的品类通常较为单一，只能直播仓储的货品，并主要通过低价促销吸引流量，形成销售。

实训任务

实训背景

同学们学习了直播间搭建的软硬件、灯光要求，对不同品类采用不同的直播方式也有了更深的了解，为开展直播奠定了基础。

实训目的

总结归纳知识点，对学习过程和成果做综合评价。现在需要举行一场25～35岁消费者休闲零食类产品的直播带货，列出直播间搭建清单以及布光要求。

实训步骤

（1）根据休闲零食的特点，确定固定直播间坐姿、单机位直播。

（2）罗列出直播需要的硬件清单。

（3）安装直播所需要的软件。

（4）根据产品的特点布置直播间及直播间灯光。

（5）调试设备，开始直播测试。

项目总结

在本项目中，学习了直播间里软硬件设备，以及直播的灯光布置，为直播的精准定位和内容设计做好了前期的充分准备，并为之后的直播运营打下了良好的基础。

拓展阅读

小屏幕成就大舞台！越来越多"新农人"加入直播电商，开辟助农新模式

站在果实累累的猕猴桃园中，绿意盎然的猕猴桃树整齐排列，绿绿的果实缀满枝头。在九江采桑区丁家山的果园里，一群大学生化身主播"带货"，手捧诱人的红心猕猴桃，和直播间里的网友热情互动。这群大学生来自江西机电职业技术学院电商兴农实践队，他们以"直播带货"方式助销农产品，助力乡村经济发展，如图 2-27 所示。

图 2-27 电商助农

2023 年中央一号文件再次聚焦农村电商，提出要深入实施"数商兴农"和"互联网＋"农产品出村进城工程，鼓励发展农产品电商直采、定制生产等模式，建设农副产品直播电商基地。随着国家持续加大对电商政策支持力度，农村电商产业规模和质量得到快速提升。如今，电商助农已成为推动乡村振兴的重要手段。

走访中发现，越来越多"新农人"加入直播卖货行列。他们把手机变成"新农具"，把数据变成"新农资"，用一场场直播、一条条视频，将家乡的特产风物卖到了全国，不仅提高了自己的收入水平，也让当地农业经济"活"了起来。

项目三

创建直播账号

情景导入

互联网直播正如火如荼地展开，几乎渗透到日常生活的方方面面。从早期的“网红”直播到如今的名人、企业家、大小商家直播带货，商品品类日益丰富，从生活消费品、服装到农产品、家电、汽车，再到旅游、理财等服务类产品，实现了万物皆可直播，人人皆可直播。作为电商专业的学生，李磊和王梅的学习小组，他们希望能从 0 到 1 建立起自己的直播账号，经过一段时间的学习，他们对直播平台有了一定的了解，他们打算以“素人”的身份开启他们的直播之旅。

知识目标

- 了解主流直播平台开通账号的条件；
- 了解主流直播平台开启直播的方法；
- 了解主流直播平台开店的规则。

技能目标

- 能够在主流电商平台开通账号；
- 能够在主流直播平台开启直播；
- 理解主流直播平台开店的规则。

素养目标

- 具备团队协作精神，能够分工合作完成任务；
- 具备良好的信息素养，能够合理地运用工具学习新知。

任务一 创建淘宝直播

一、入驻淘宝直播的条件

1. 准入要求

目前,淘宝规定符合条件的淘宝平台会员(含个人、企业)可入驻淘宝直播平台成为主播以开展直播内容创作、信息发布和推广活动。商家可以开通淘宝直播平台功能以推广产品。达人和商家的准入条件如表3-1所示。

表3-1 达人和商家的准入条件

角色	准入条件
达人	淘宝会员可经由淘宝直播平台入驻成为达人主播,须满足: (1) 如为个人,须完成个人实名认证,且年满18周岁(同一身份信息下只能允许1个淘宝账号入驻); (2) 如为企业,须完成企业实名认证(同一营业执照下允许10个淘宝账号入驻); (3) 如淘宝/天猫平台卖家申请成为达人主播须具备一定的店铺运营能力和客户服务能力; (4) 账号状态正常,且具备一定的推广素质和能力,满足淘宝直播平台的主播要求,账号实际控制人的其他阿里平台账号历史未被阿里平台处以特定严重违规行为处罚(包含但不限于:出售假冒商品、发布违禁信息、骗取他人财物等)或发生过严重危及交易安全、发布交互风险信息等情形。
商家	商家可经由淘宝直播平台入驻成为商家主播,须满足: (1) 在淘宝/天猫平台开设店铺,且店铺状态正常的商家; (2) 根据平台要求完成认证,如为个人需年满18周岁; (3) 未经平台允许,店铺主营类目不可为限制推广的主营类目; (4) 账号状态正常,且具备一定的推广素质和能力,满足淘宝直播平台的主播要求,账号实际控制人的其他阿里平台账号历史未被阿里平台处以特定严重违规行为处罚(包含但不限于:出售假冒商品、发布违禁信息、骗取他人财物等)或发生过严重危及交易安全、发布交互风险信息等情形; (5) 对商家准入有特殊要求的,从其规定。

2. 特别注意

商家入驻应注意以下几点要求。

(1) 淘宝或天猫店铺入驻直播需要符合类目要求,限制推广商家品类无法入驻。

(2) 限制入驻淘宝直播的主营类目包括:成人用品/情趣用品,音乐/影视/明星/音像,书籍/杂志/报纸,家庭保健,处方药,移动/联通/电信充值中心等虚拟类目,入驻细则可以参考淘宝直播官方详细细则。

(3) 商家账号状态正常,且具备一定的推广素质和能力,满足淘宝直播平台的主播要求,账号实际控制人的其他阿里平台账号历史未被阿里平台处以特定严重违规行为处罚

(包括但不限于:出售假冒商品、发布违禁信息、骗取他人财物等)或发生过严重危及交易安全、发布交互风险信息等。

达人入驻应注意以下几点要求。

(1) 达人个人身份只能申请1个账号,且需年满18岁;已经入驻过以后不可以重复入驻。企业身份可以申请10个账号。

(2) 达人入驻直播要求账号状态正常,且具备一定的推广素质和能力,满足淘宝直播平台的主播要求,账号实际控制人的其他阿里平台账号历史未被阿里平台特定严重违规行为处罚(包括但不限于:出售假冒商品、发布违禁信息、骗取他人财物等)或发生过严重危及交易安全、发布交互风险信息等情形。

(3) 若账号绑定的支付宝是海外支付宝,暂时无法进行实名认证,故无法入驻。

(4) 若显示过往账号记录不良,原因可能是该账号历史上因违规被直播处罚;严重违规达6次,将被永久清退,无法再次入驻(商家和达人身份都符合此规则)。

二、入驻直播步骤

(1) 下载淘宝主播App。苹果手机可以通过App Store检索“淘宝主播App”下载软件,点击页面立即入驻即可。安卓手机应用市场搜索下载“淘宝主播App”入驻,如图3-1所示。

(2) 下载淘宝主播App后,企业店铺无须实人认证,用店铺主账号登录,如图3-2所示。

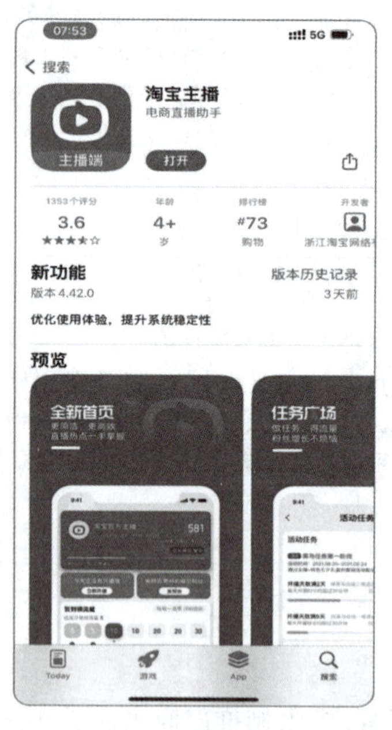

图3-1 下载App

图3-2 企业店铺登录

(3) 登录后,因为商家身份已经进行过实名认证,所以会显示认证通过。符合条件的话,勾选同意即可入驻淘宝直播,如图3-3所示。

(4) 达人入驻界面。以个人实名认证的淘宝账号/支付宝账号登录淘宝主播App,如图3-4所示。

图 3-3　企业店铺入驻

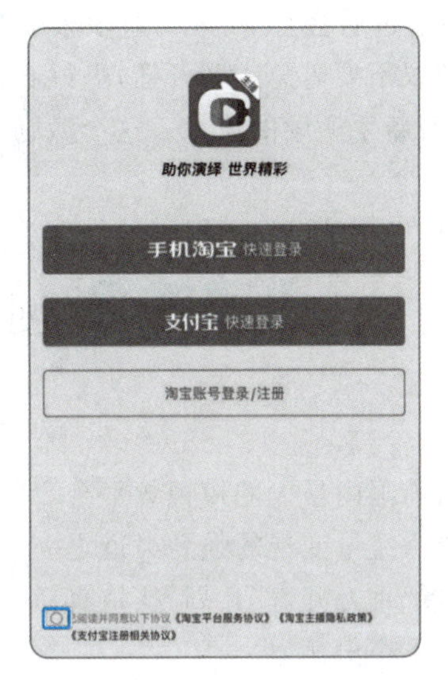

图 3-4　达人登录界面

(5) 点击“立即入驻，即可开启直播”按钮，如图 3-5 所示，然后进行实名认证，如图 3-6 所示。

图 3-5　达人入驻

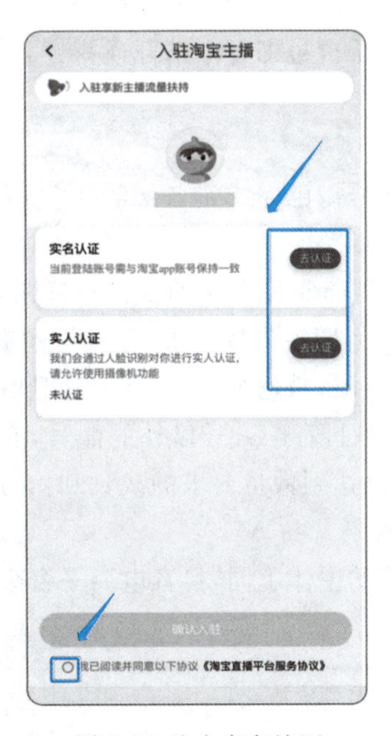

图 3-6　达人实名认证

三、特别注意

(1) 如果入驻失败，系统会提示具体问题，这时可以参照入驻条件与要求，检查账号未通过入驻的原因，并针对具体问题进行优化后再重新申请。

(2) 申请通过后会有 14 天的新手激励期，一定要珍惜这 14 天的时间去开播积累基础数据。所以建议不要着急入驻开播，做好直播准备后(例如直播间搭建，样品的准备等)再入驻，不要浪费新手激励的流量。这个激励每个新账号只能享受一次。

任务二 创建抖音直播

抖音是目前国内最大的短视频平台。随着淘宝直播的兴起，抖音也开启了抖音电商，使抖音直播成为流量变现的强劲渠道之一。2019 年，抖音推出巨量百应平台，完善商品供应链体系，开展“百万开麦”计划，扶植直播市场，同时加强售后服务，使抖音直播电商在国内市场占据了不小份额。

一、入驻抖音直播的条件

随着直播行业需求的增加，抖音平台放宽了开通直播申请的要求，目前只需要完成实名认证和绑定手机号即可申请开通抖音直播。然而，若要开通直播带货功能，则需要满足一定的条件。

1. 实名认证

创作者账号需已完成实名认证。

2. 粉丝量

(1) 对于抖音个人号，即绑定的抖音账号的认证主体为自然人个人的，有效粉丝数量＜500 时，仅可获得橱窗带货权限；有效粉丝数量≥500(达到数量要求的次日)时，可开通视频/图文带货权限；粉丝数量≥1000(达到数量要求的次日)时，可开通直播间带货权限。

(2) 对于除抖音个人号以外的账号，粉丝数量＜1000 时，仅可获得橱窗带货权限；粉丝数量≥1000(达到数量要求的次日)时，可开通直播间和短视频/图文带货权限。

3. 资质要求

根据申请的主体不同，抖音电商平台会有不同的资质要求，如表 3-2 所示。

表 3-2 抖音直播电商的资质要求

入驻主体	基础资质	资质要求
个人	中国大陆二代身份证	1. 需提供身份证照片正反面； 2. 身份证须使用中国大陆二代身份证； 3. 证件需保证清晰完整有效，距离有效期截止时间大于 1 个月； 4. 身份证年龄须满 18 周岁； 5. 与抖音账号实名认证身份信息保持一致。
	个人银行账户	1. 需提供银行账户名称、开户行和账号； 2. 需为入驻人名下银行卡。

续表

入驻主体	基础资质	资质要求
个体工商户企业	营业执照	1. 需提供营业执照原件扫描件或加盖公司公章的营业执照复印件； 2. 确保未在企业经营异常名录中； 3. 证件要在有效期内； 4. 证件需保证清晰、完整、有效； 5. 个体工商户、独资企业法人需与抖音账号实名认证信息保持一致，非独资企业可与抖音账号实名认证信息不一致。
	中国大陆二代身份证	1. 需提供身份证照片正反面； 2. 身份证须使用二代身份证； 3. 证件需保证清晰、完整、有效； 4. 企业须提供法定代表人身份证，个体工商户请提供经营者身份证； 5. 个体工商户、独资企业需与抖音账号实名认证信息保持一致，非独资企业可与抖音账号实名认证信息不一致。
	银行账户信息	1. 需提供银行账户名称、开户行和账号； 2. 须提供开户主体与营业执照主体一致的对公账户。

4. 缴纳保证金

同时创作者需要缴纳一定的保证金，才能开展直播电商活动。

(1) 保证金，是指创作者向平台缴纳的用以担保其商品分享行为，以及保证平台规则和平台协议履行的款项，包括基础保证金、浮动保证金及活动保证金。不同场景下保证金的应缴额不同。

(2) 平台当前允许创作者进行“0 元入驻”，创作者可在未缴纳保证金的情况下，先入驻平台进行有限制的试运营，后续足额缴纳保证金至应缴额。

二、入驻抖音直播电商步骤

(1) 下载抖音 App，如图 3-7 所示，然后注册账号，如图 3-8 所示。

图 3-7 下载抖音 App

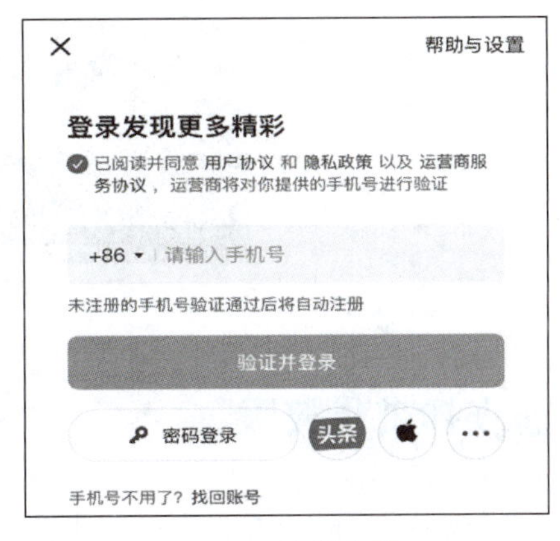

图 3-8 注册账号

(2) 完善资料，如图 3-9 所示，完成实名认证，如图 3-10 所示。

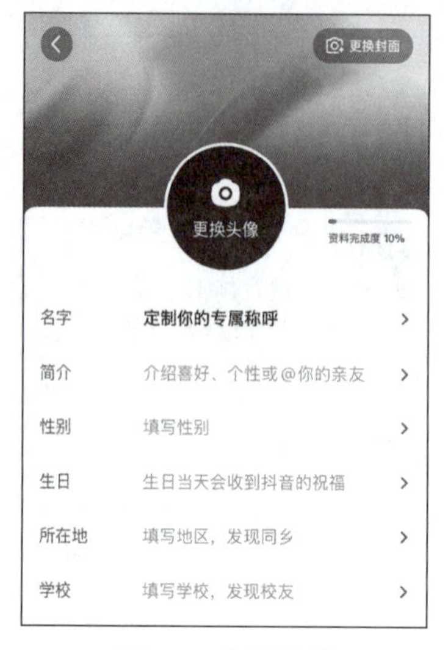

图 3-9　完善资料

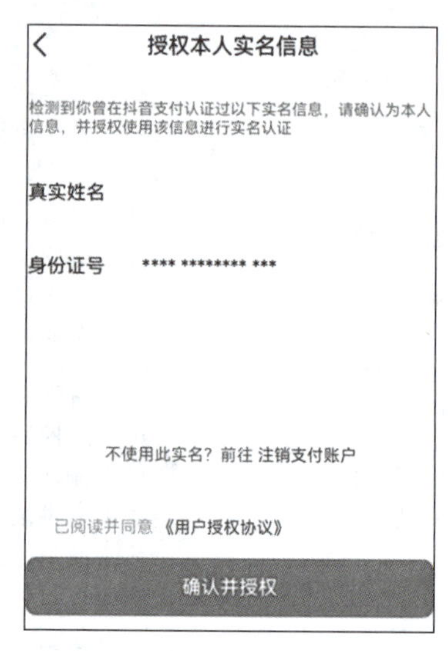

图 3-10　实名认证

（3）点击“开始视频直播”按钮，开通直播，如图 3-11 所示。

图 3-11　开通直播

三、开通直播带货权限

抖音带货权限是指达人在抖音平台获得的权限，包括经营达人商品橱窗、发布短视频添加商品、发布图文添加商品以及直播间添加商品。拥有这些权限的达人，可以在抖音平台推广销售绑定抖店的商品，或者带货推广其他抖店的商品，如图 3-12 所示。

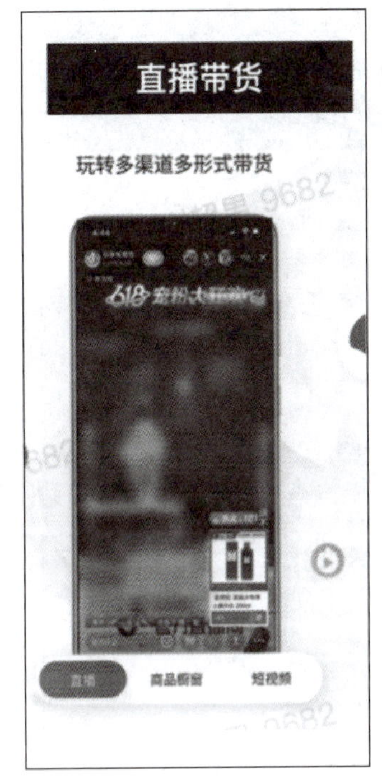

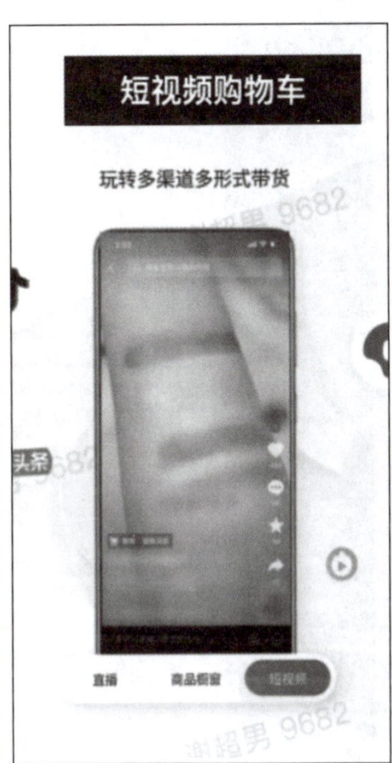

图 3-12　开通带货权限

1. 开通带货权限的流程及所需资料

开通电商权限共分为三大步骤：进入权限申请页面→提交带货资质→开通收款账户。

步骤 1：进入权限申请页面

需要达人完成抖音平台的实名认证，才可以申请开通电商带货权限。

当达人粉丝数量不足 1000 时，仅获得橱窗带货权限。粉丝数达到 1000 后的次日，可以进一步开通直播间或短视频带货权限。

步骤 2：提交带货资质

需要达人准备个人身份证或个体营业执照或企业营业执照，提交带货资质。

带货资质是指达人在抖音电商推广带货时所使用的身份资料信息，资质类型分为个人、个体工商户、企业三种。

如你在抖音其他业务（如企业号/千川等）进行过资质认证，当你提交资质时，平台会要求与达人在其他业务的资质主体保持一致。

步骤 3：开通收款账户

需要达人准备个人银行账户或个体银行账户或企业银行账户，与达人在步骤 2 选择的带货资质匹配，作为收款账户。

开通收款账户是指达人绑定银行账户来进行带货佣金结算，如未开通收款账户，将无法结算佣金。

2. 开通抖音电商权限详细步骤

(1) 找到权限申请入口。打开抖音 App，选择“我”→右上角“三道杠”→“抖音创作者中心”→点击“电商带货”按钮→点击“立即加入抖音电商”按钮，如图 3-13 所示。

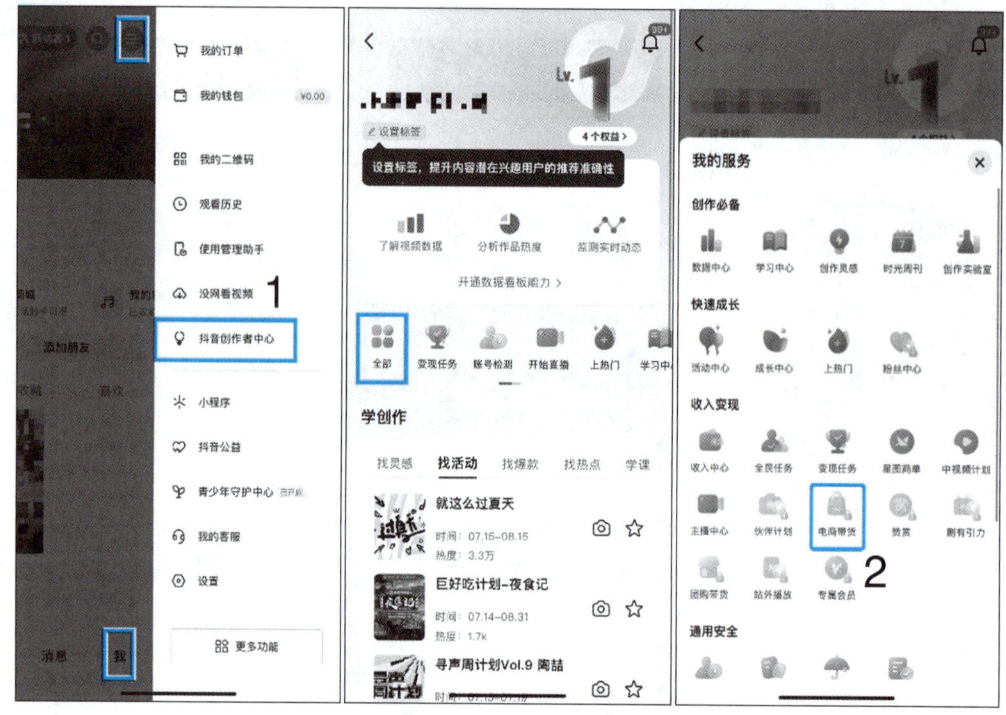

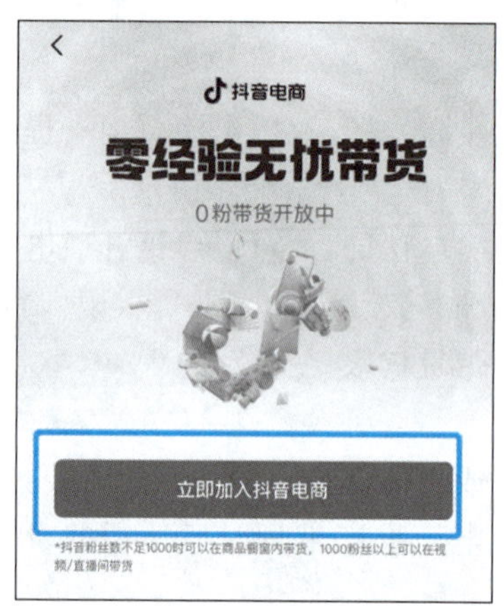

图 3-13　申请加入抖音电商

（2）开通权限前需要先实名认证，若未实名，需点击“立即加入抖音电商”按钮即可跳转实名认证界面。

（3）当达人粉丝数量不足 1000 人时，仅拥有橱窗带货权限。粉丝数达到 1000 人后的次日，可以进一步开通直播间和短视频带货权限。

注意：部分用户需要在开通权限时缴纳保证金，具体以页面提示为准。在权限申请页面下方可以了解“橱窗”“直播”“视频”和“图文”四种带货方式，如图 3-14 所示。

（4）选择带货资质。满足开通带货权限条件的达人点击“立即加入电商带货”按钮进入填写带货资质开通入口页面，如图 3-15 所示。

四种带货方式，平台助你无忧带货
橱窗
直播
视频
图文
无须经验，平台帮你经营，收入自己来
帮选品
一键选品
轻松带好品
易获流
智能挂橱窗
视频自动引流
得佣金
平台托管经营
佣金快速来
一键选品
经营示例
四种带货方式，平台助你无忧带货
橱窗
直播
视频
图文
全流程教学消烦恼，直播收入快如油
帮选品
直播爆款推荐
出单更快
学话术
商品话术生成
轻松讲解
开直播
中控跟播工具
管理高效
经营示例

四种带货方式，平台助你无忧带货
橱窗
直播
视频
图文
拍视频没想法？脚本模版供你选，带货收入多！
看灵感
最新热门创意
给你带货灵感
跟着拍
视频拍摄模版
轻松跟拍
得佣金
参与视频带货
获得丰厚佣金
爆款视频
经营示例

四种带货方式，平台助你无忧带货
橱窗
直播
视频
图文
图文带货“3步走”掌握诀窍好爆单
选好商品
图文爆款推荐
优选带货好物
拍好内容
修美图配好文
爆款内容轻松出
复盘优化
勤复盘
多优化
爆款图文
经营示例

图 3-14　四种带货方式

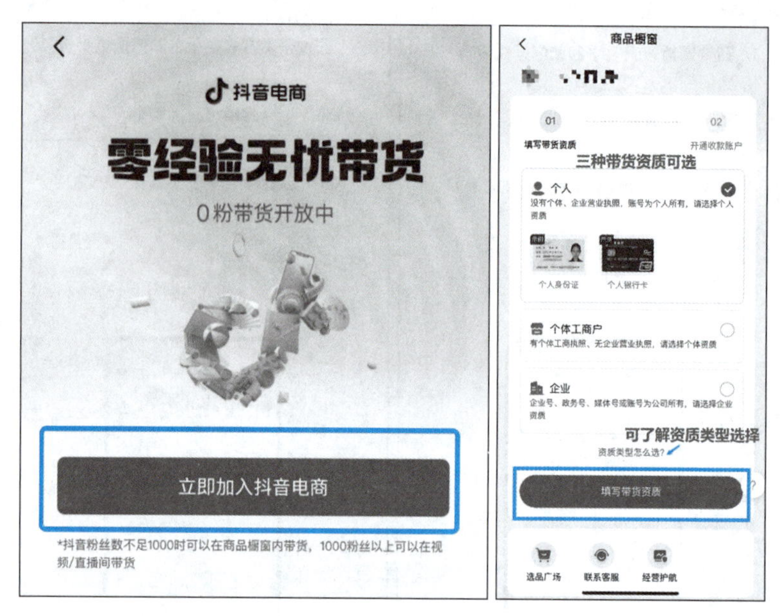

图 3-15　三种带货资质

资质类型区分：个人、个体工商户、企业三种。

注意：资质类型一旦选择并提交完毕，就不能修改，仅支持升级(个人资质升级到个体资质或企业资质，个体资质升级到企业资质)，请谨慎选择；值得注意的是，个人资质不支持对公结算；提交后，平台将在 1～3 个工作日内完成审核，审核通过后，需进行账户验证操作。若审核不通过，请修改资料后重新提交(表 3-3)。

表 3-3　三种资质要求

资质类型	是否支持对公结算	准备资料	资质认证要求	注意事项
个人	不支持	清晰的身份证正反面图片、个人银行卡号	必须要和抖音实名认证保持一致	注意，资质认证环节上传的图片必须 2MB 以下，否则后续开户将失败
个体工商户	支持	公司名称、统一社会信用代码、营业期限、经营地址、清晰的营业执照照片、经营者姓名、经营者身份证号码、证件有效期、身份证正反面图片、个人或企业银行卡号、开户行(具体到开户支行)	必须要和抖音实名认证保持一致，如进行过企业号/千川认证，则会复用企业号/千川资质，如资质不一致需要去注销对应资质	
企业	支持	公司名称、统一社会信用代码、营业期限、经营地址、清晰的营业执照照片、法人姓名、法人身份证号码、证件有效期、法人身份证正反面图片、企业银行卡号、开户行(具体到支行)	无限制，可以与抖音实名认证不一致。其中独资企业需要与抖音实名认证保持一致	

(5) 填写个人带货资质。带货资质类型选择“个人”，点击“填写带货资质”按钮后进入个人的填写带货资质信息页面。上传身份证正反面照片，输入姓名、身份证号，注意该身份信息应与抖音实名的身份信息认证一致。

点击“提交审核”按钮后进入开通收款账户环节，如图 3-16 所示。

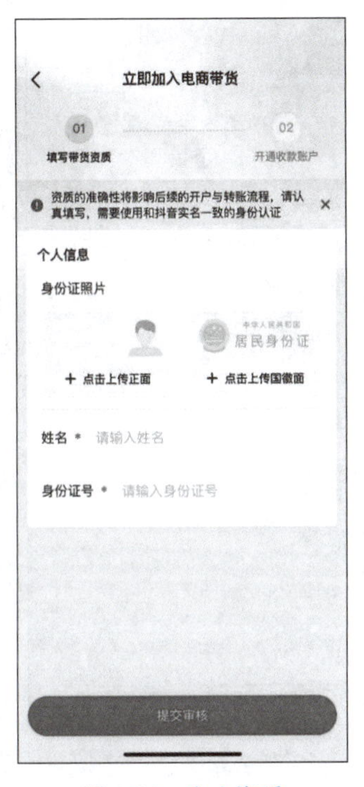

图 3-16 个人资质

(6) 填写个体工商户/企业带货资质。带货资质类型选择“个体工商户”或“企业”，点击“填写带货资质”按钮进入个体工商户或企业的填写带货资质信息页面。

上传营业执照、填写经营者信息，点击“提交审核”按钮后进入审核，审核耗时 1～3 个工作日，需要及时留意，如图 3-17 所示。

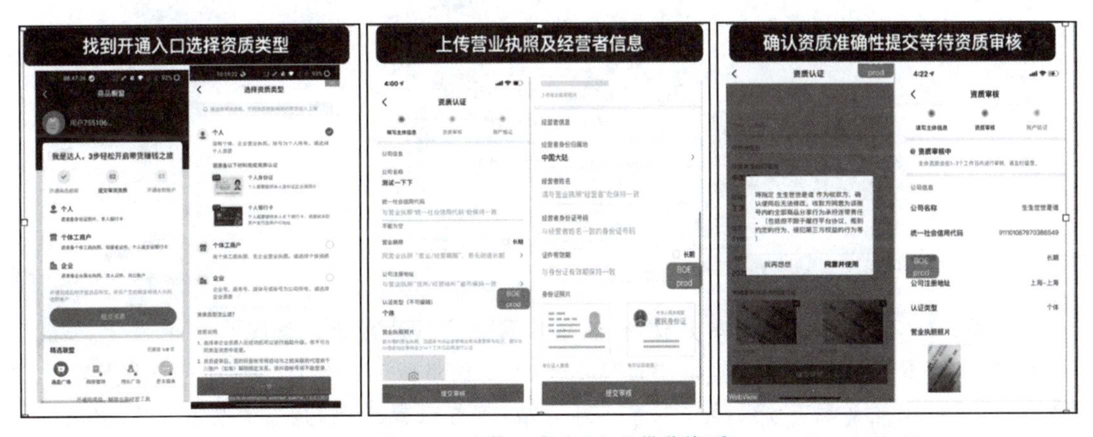

图 3-17 个体工商户/企业带货资质

（7）开通收款账户。开通个人收款账户：填写个人资质后，进入开通收款账户页面，填写账户信息，点击“提交”按钮，预计 15 分钟后审核完成，如图 3-18 所示。

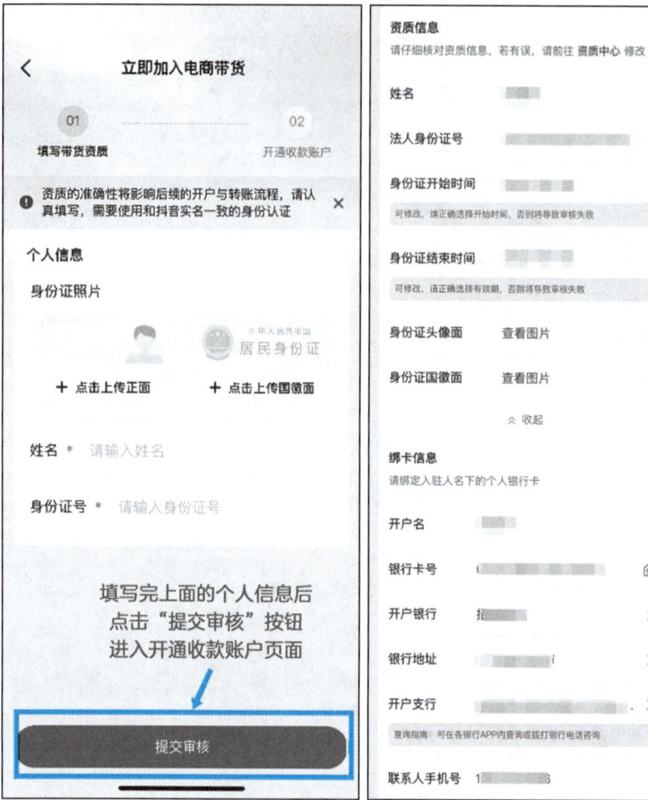

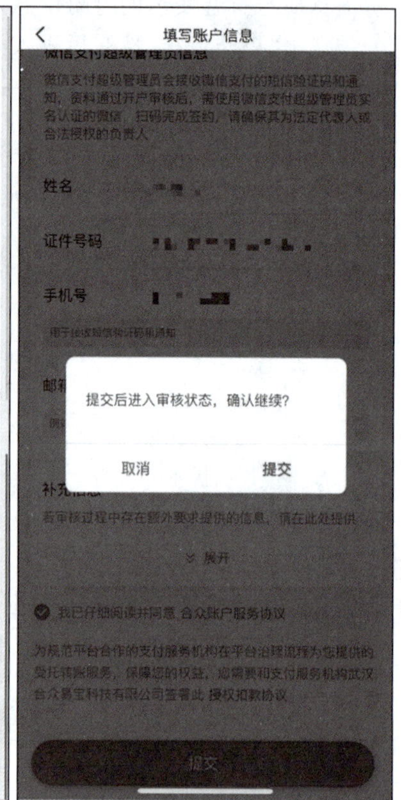

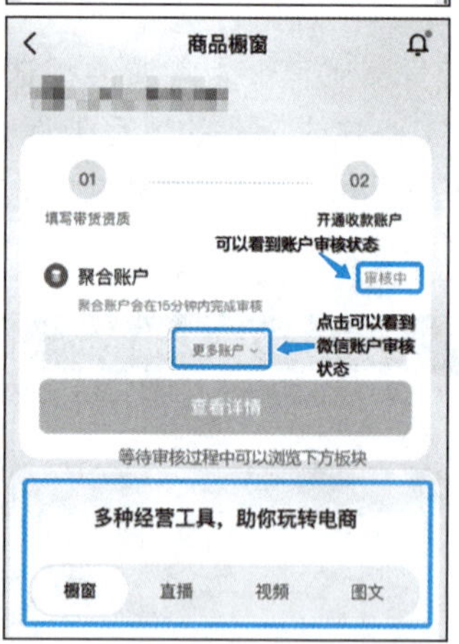

图 3-18 个人收款账号

注意：达人此时必填聚合账户信息，选填微信账户信息。若微信账户未开通，达人仍可带货，但消费者购买达人带货推广的商品时，无法使用微信支付订单。在等待收款账户审核时，可以浏览页面下方的核心经营工具介绍，可以设置开通“橱窗免费托管”和“橱窗一键添品”功能，体验“平台帮你经营橱窗”，如图 3-19 所示。

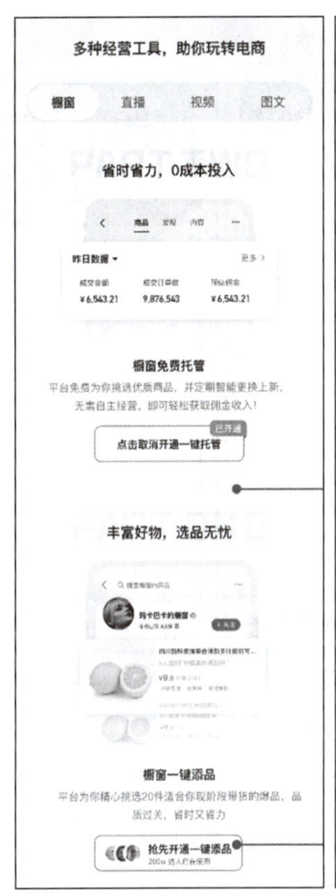

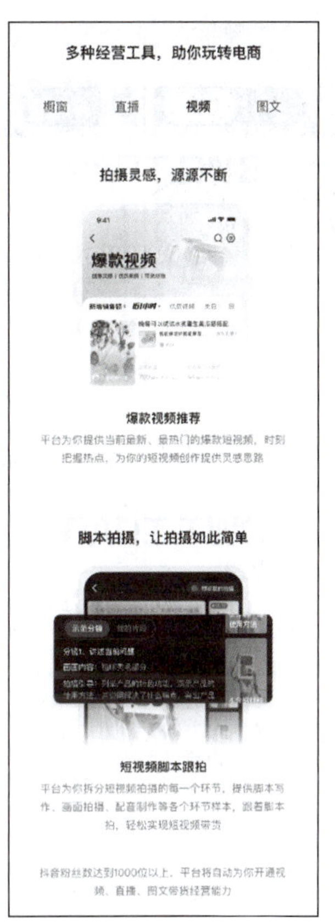

图 3-19　多种经营工具

（8）开通个体工商户/企业收款账户。个体或企业资质审核通过后，点击“开通账户”

按钮，进入收款账户开通环节，如图 3-20 所示。

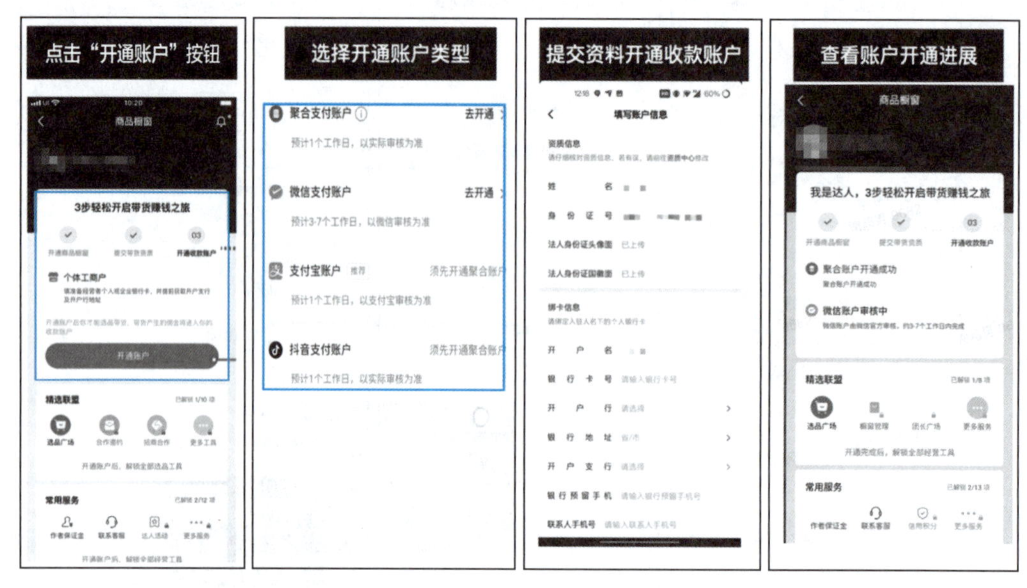

图 3-20　开通个体工商户/企业收款账户

选择开通的账户类型，填写账户信息，等待账户开通审核。

注意：微信开户需使用法人实名认证的微信扫码、完成签约。扫码签约后，约 2 小时完成开户，请勿重复扫码。温馨提示：提交微信开户申请后，审核时间为 3～7 个工作日，在审核期间，您仍可添加商品并进行带货，且不会影响用户支付、佣金和货款结算。

个体或企业资质的用户，需要额外进行账户验证，可以选择"实名验证"或"打款验证"，如图 3-21 所示。账户验证步骤见表 3-4。

图 3-21　账户验证

表 3-4 账户验证步骤

第一种验证流程：实名验证	第二种验证流程：打款验证
• 第一步：填写经营者/法人个人名下的银行卡号 • 第二步：输入银行预留手机号，填写验证码 • 第三步：完成验证	• 第一步：填写企业对公银行卡号 • 第二步：选择开户银行 • 第三步：选择开户支行所在地 • 第四步：选择开户支行 • 第五步：等待打款验证 • 第六步：平台已打款，待回填金额 • 第七步：完成验证

(9) 开通权限后缴纳保证金。在商品橱窗页面点击“更多功能”按钮，点击账号管理中的“作者保证金”按钮，点击“继续充值”按钮进入保证金应缴纳明细页面，点击底部的“立即充值”按钮即可输入金额并支付，如图 3-22 所示。

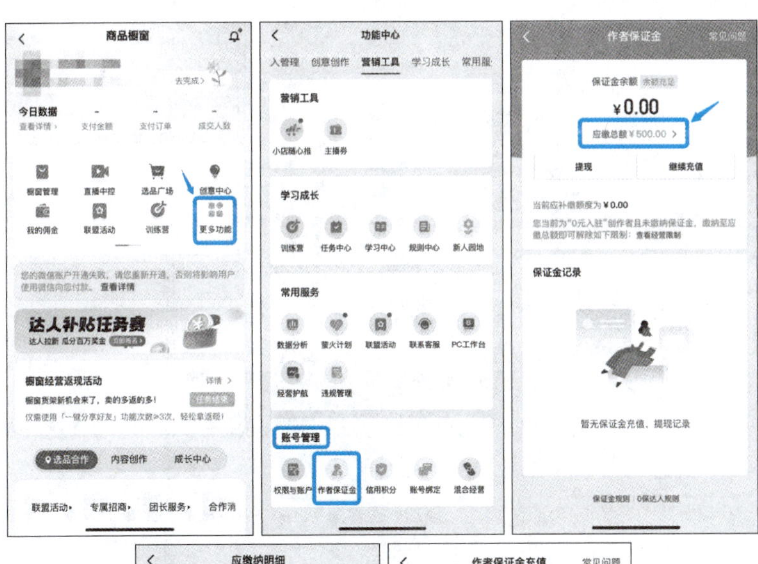

图 3-22 缴纳保证金

（10）账号开通后进行添加商品操作。开通电商权限后在直播间添加商品。

PC端：登录“巨量百应工作台”，可以在直播时进行中控操作（把商品上到购物车中、单击讲解卡、发放优惠券等），还可以查看直播数据、订单成交情况、佣金账单、参与平台活动等。

手机端：在开始视频直播页面点击“商品”按钮，在“我的店铺”选择商品。点击“确认添加”按钮即可添加成功。一场直播最多可添加200个商品，但批量添加单次上限为100个，可按照需求分批次添加，如图3-23所示。

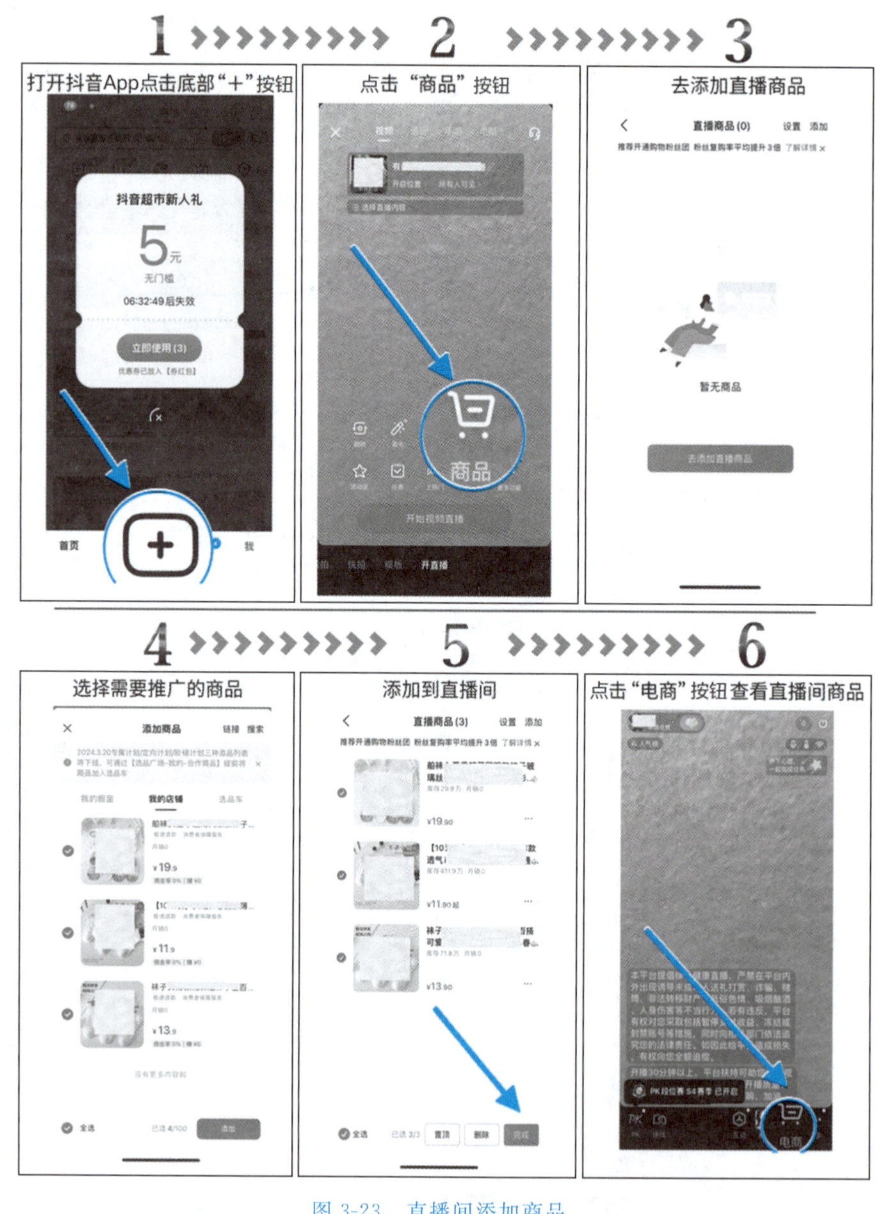

图3-23　直播间添加商品

任务三 创建视频号直播

视频号直播是由腾讯公司提供的，供微信视频号用户在视频号场景下，面向其他微信用户进行网络直播。

一、视频号直播的条件

（1）年满 18 周岁，完成实名认证后的微信用户。

（2）不支持未满 18 周岁的未成年人或外国人、港澳台地区的居民担任主播。

（3）一个微信只能注册一个视频号。

二、视频号直播的步骤

（1）查看微信是否有视频号，如图 3-24 所示。

图 3-24 查看视频号

（2）创建视频号。进入微信，从发现页找到视频号，点击右上角“人头”按钮，进入视频号主页，点击“发表视频”按钮，填入基本信息即可创建成功视频号，如图 3-25 所示。

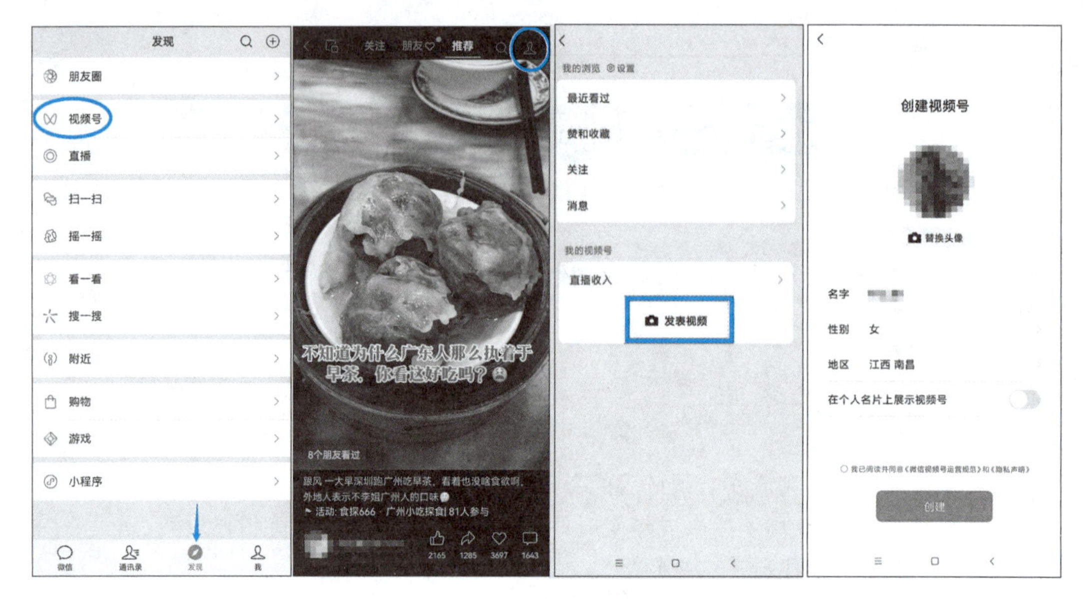

图 3-25 创建视频号

（3）发起直播，实名认证。回到视频号中，点击“发起直播”按钮，点击“实名信息认证”按钮。点击“同意授权”按钮后，进行人脸认证，完成视频号直播开播认证，如图 3-26 所示。

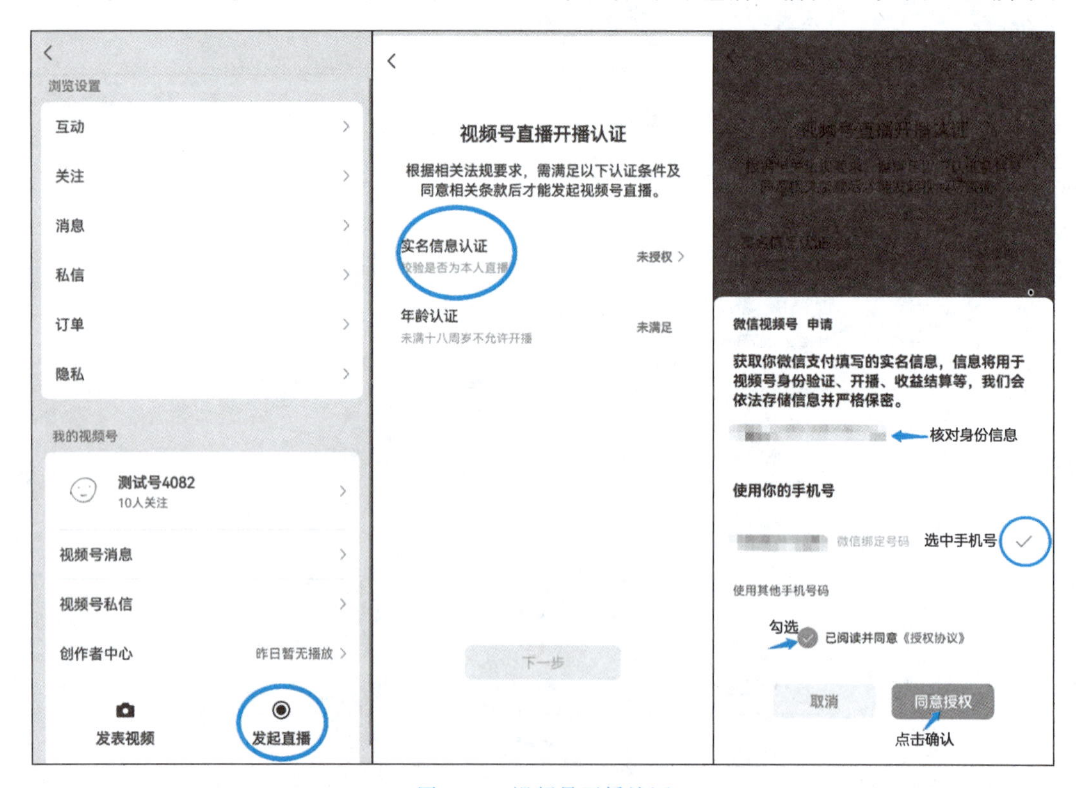

图 3-26 视频号开播认证

图 3-26(续)

三、视频号直播带货

视频号直播带货和抖音直播带货一样，都需要开通带货权限，才能具有带货功能。

1. 选择带货身份

在开通带货功能之前，需要选择带货身份，有达人、商家、商家授权号三种。

1）达人

成为视频号橱窗达人需先缴纳保证金，橱窗保证金为 100 元，视频号主页展示橱窗，超过 100 粉丝，可在直播间售卖。不限制第三方商品数量；可开视频号小店，卖自营商品。不支持使用优惠券/会员等营销能力。一年可以修改 2 次带货身份。

2）商家

成为视频号商家需先开通视频号小店，视频号主页将展示小店，支持直播间/短视频券带货。售卖小店自营商品，可带 5 件第三方商品。可使用会员/优惠券/闪购等营销能力。一年可以修改 2 次带货身份。

3）商家授权号

商家授权号需由商家发起授权绑定，你接受并缴纳保证金即可成为次商家授权号，推广商家橱窗。接受申请后，你的视频号橱窗将直接显示为指定商家橱窗。只能被一个商家授权，只能带该商家的橱窗商品。营销能力与授权商家一致，无粉丝数量限制。

2. 开通视频号小店

视频号小店目前暂不支持个人身份入驻，只支持主体为企业和个体户。通过计算机浏览器打开申请页面，打开微信，扫码二维码，单击申请开店，如图 3-27 所示。

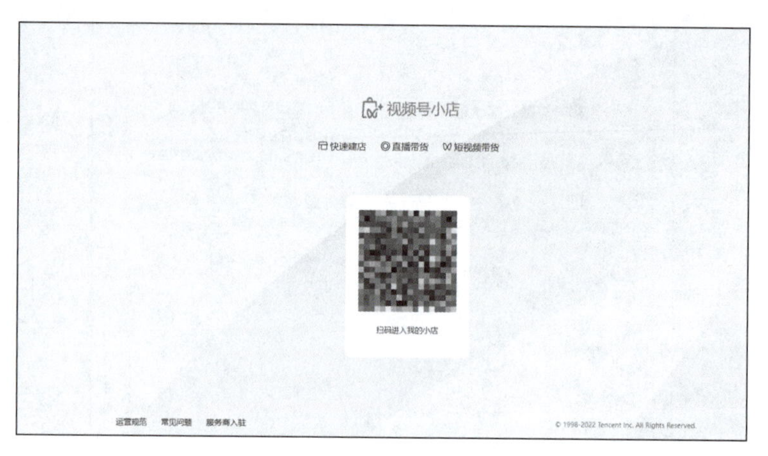

图 3-27　申请视频号小店

3. 进行开店任务，填写开店信息

1）填写开店信息

扫码登录后，需要先填写商户信息，填写后单击“提交”按钮，进入主体信息填写界面。如图 3-28 所示。

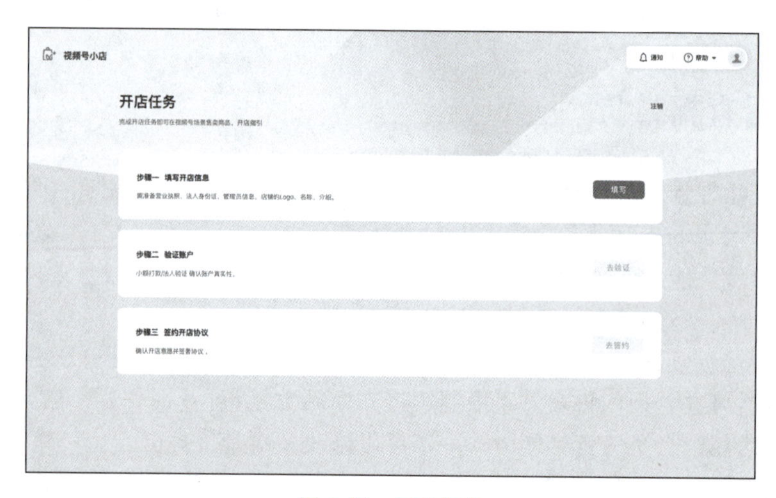

图 3-28　开店任务

2）选择主体类型

主体类型只能选择企业或个体工商户，如图 3-29 所示。

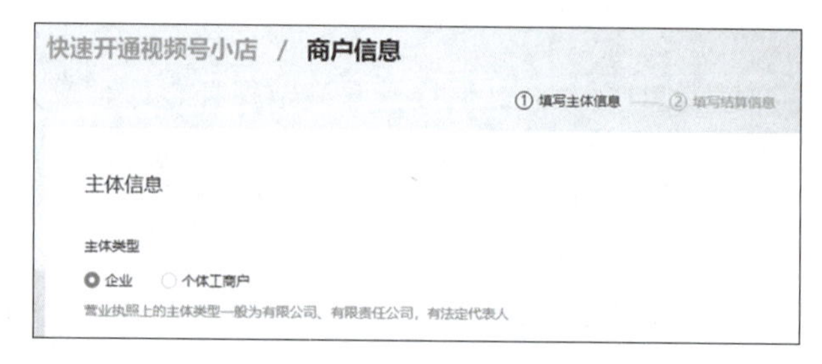

图 3-29　选择主体类型(1)

3）主体信息需按照营业执照信息如实填写(图 3-30)

注意：①“商户名称”指的是营业执照中公司名称。②“商户简称”指的是商家可以根据经营的类目和名称，填写一个简称，当买家付款时，会显示简称名称。

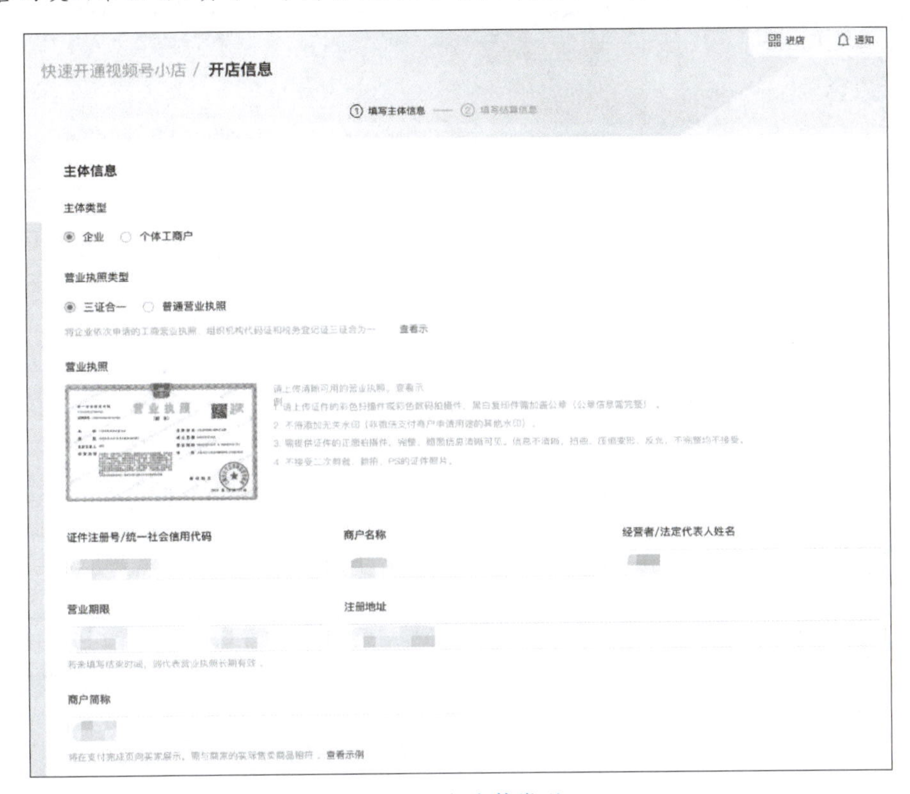

图 3-30　选择主体类型(2)

4）填写经营者/法人身份证信息

上传经营者/法定代表人身份证正反面图片文件，如经营者为外籍或中国港澳台人员，也可上传对应证件进行验证，如图 3-31 所示。

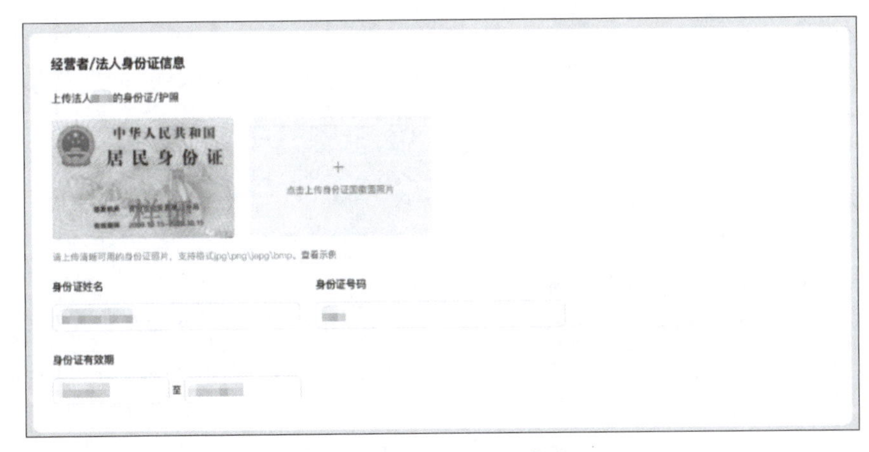

图 3-31　填写经营者信息

5）填写结算账户信息

选择对公账户时，开户名称必须与营业执照上的“企业主体名称”一致。选择对私账户时，开户名称必须与营业执照经营者信息一致，如图 3-32 所示。

图 3-32　填写结算账户信息

6）设置超级管理员信息

开通视频号小店需要绑定超级管理员，超级管理员需要在开户后进行签约，并可接受日常重要管理信息和进行资金操作。在绑定超级管理员时，需要提交其身份证信息、手机和邮箱信息，如图 3-33 所示。

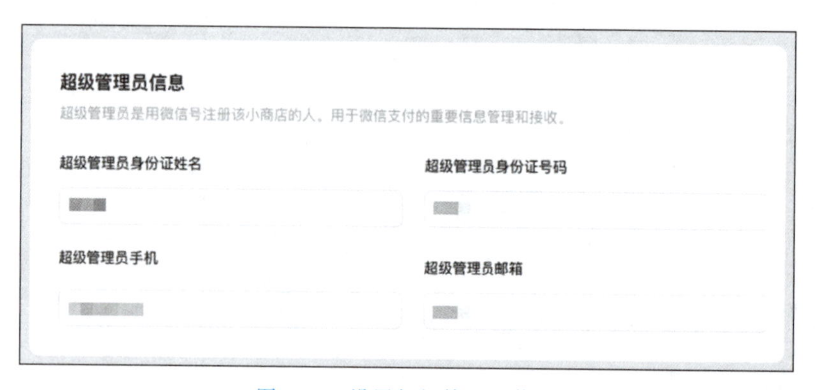

图 3-33　设置超级管理员信息

7）其他补充资料（选填）

如有特殊行业资质可以进行补充填写。单击“保存”按钮即可保存当前填写的商户信息，单击“提交”按钮即可提交当前填写的商户信息，如图 3-34 所示。

8）商户信息审核

若显示“审核有误，需重新提交”，请按照系统驳回的提示原因进行修改，修改后“重新提交审核”，如图 3-35 所示。

提交商户信息成功后，开店任务页面会显示“审核中”，如图 3-36 所示。

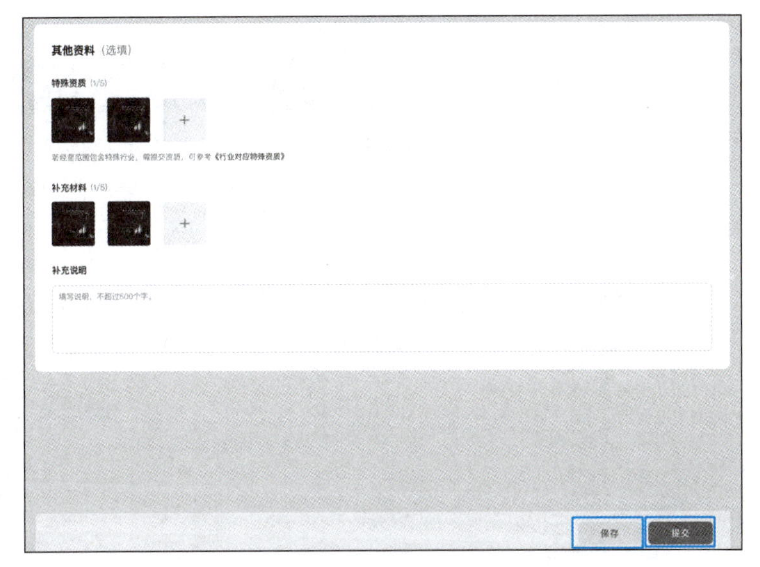

图 3-34 填写补充材料

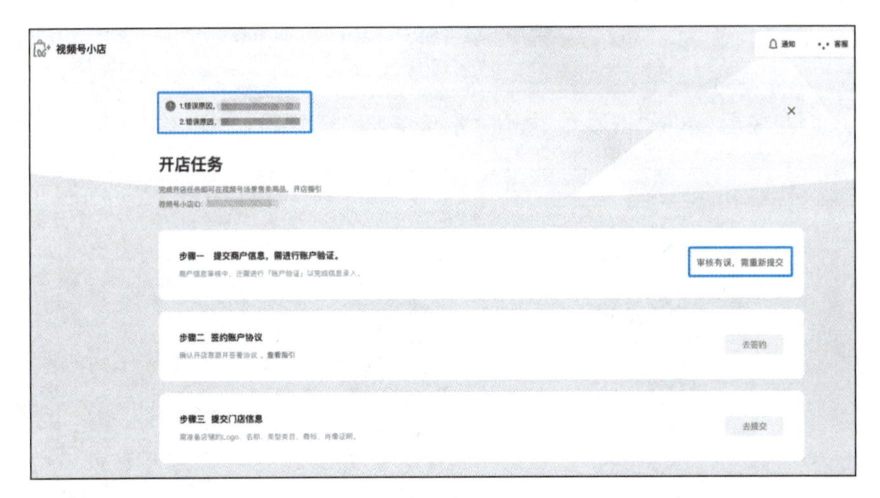

图 3-35 商户信息审核(1)

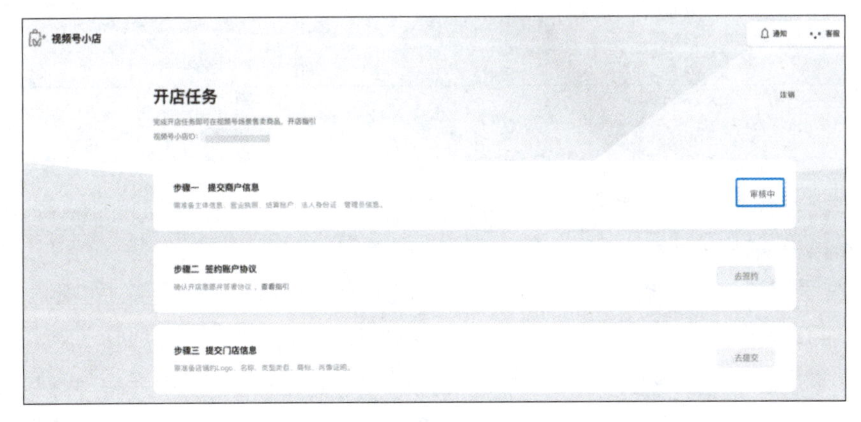

图 3-36 商户信息审核(2)

9）账户验证

单击“去验证”按钮，进入验证账户界面。验证的方式是公司法人微信扫码验证或者公司公户汇款两种方式，请选择其中一种方式进行验证账户，如图 3-37 所示。

注意：请在 30 天内完成账户验证，如果验证超时，需重新提交商户信息进行审核。

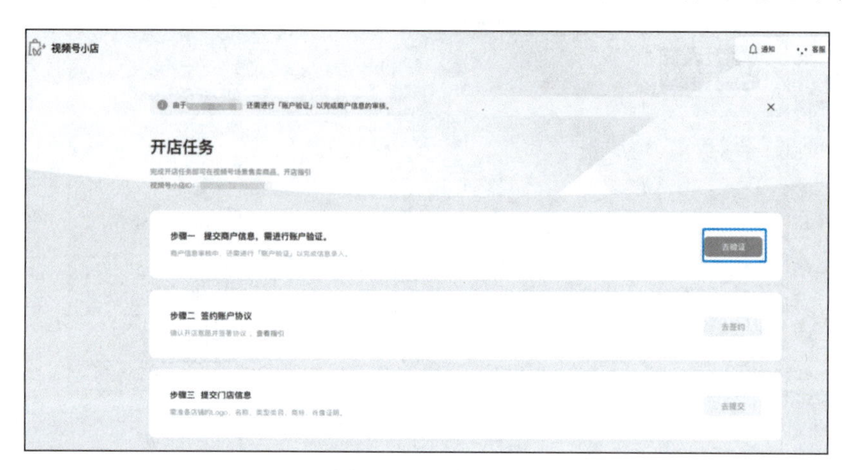

图 3-37 账户验证

4. 签署开店协议

验证账户完成后，单击“去签约”按钮，进行开店协议签署，如图 3-38 所示。

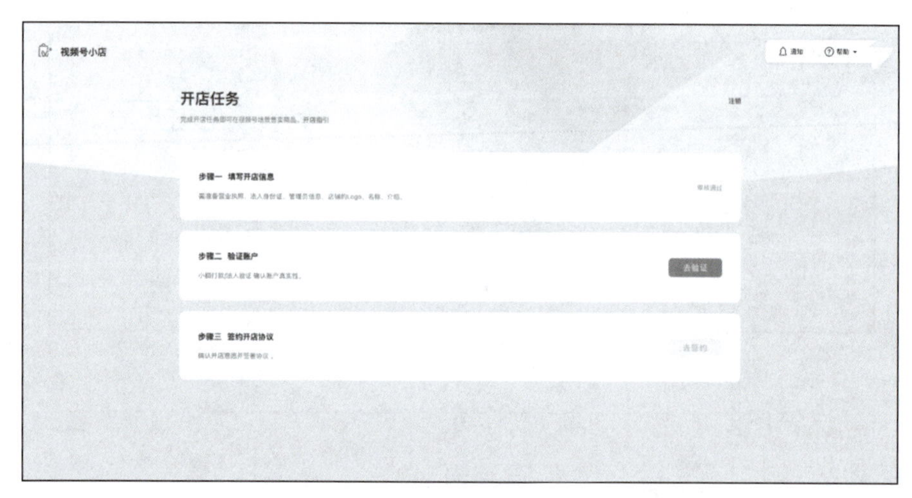

图 3-38 签署开店协议

5. 提交门店信息

成功“提交商户信息”和“签约账户协议”后，单击“去提交”按钮即可进入提交门店信息界面，如图 3-39 所示。

（1）填写店铺信息。点击店铺头像进行上传头像。店铺名称需要遵循《视频号小店命名规则》，如有品牌资质和肖像及名称使用授权相关请按要求填写。选择店铺类型，需了解《视频号小店准入资质规则》《视频号小店招募规则》，填写对应店铺类型所需的资质，如图 3-40 所示。

图 3-39 提交门店信息

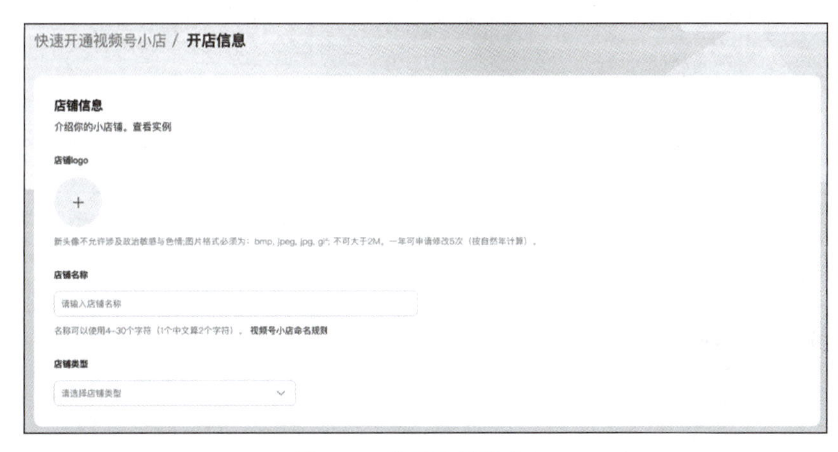

图 3-40 填写店铺信息(1)

(2) 填写品牌信息(选填)。

(3) 单击“新增品牌”可以补充品牌信息。

(4) 申请开通官旗/旗舰店/卖场旗舰店/专营店/专卖店类型的店铺,需按照《视频号小店准入资质规则》要求提交品牌资质,如图 3-41 所示。

图 3-41 填写店铺信息(2)

(5) 填写肖像及名称使用授权(选填)。

(6) 如涉及“肖像及名称使用授权”,请补充上传相关证明材料。

(7) 单击“保存”按钮即可保存当前填写的商户信息,单击“提交”按钮即可提交当前填写的商户信息,如图 3-42 所示。

(8) 信息填写完毕,单击“提交”按钮。

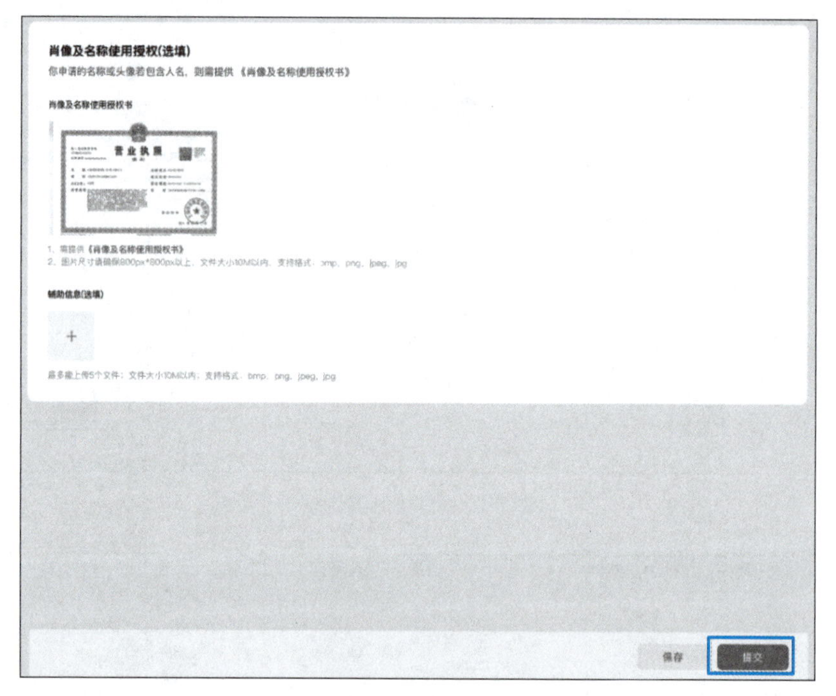

图 3-42　填写授权信息

(9) 超级管理员的微信收到“已开张成功”的服务通知，后台显示“开张成功”，单击“发布商品”按钮即可添加商品开始直播卖货了！

实训任务

实训背景

学习小组通过学习主流直播平台的账号创建方法后，急切地想要开启自己的抖音直播带货之旅。

实训目的

总结归纳知识点，通过实践强化知识技能，提高知识储备。

实训步骤

(1) 组建团队，确定账号主体。

(2) 根据平台规则准备注册资料。

(3) 根据主体类型，设置收款账号。

(4) 实名认证。

项目总结

通过本次直播平台账号的创建，小组成员进一步磨合，锻炼了他们的协调合作能力。在各个平台的比较中，他们选择了最适合自己的平台，尤其是通过参与者的互动交流，他们提升了职业素养，为后续直播带货奠定了基础。

拓展阅读

网络直播，不可突破法律的红线

很多网络主播吸金能力惊人，有的靠打赏，有的靠带货，合法合规无可厚非，然而，有人却想借此发“横财”，直播带“赌”，结果悲剧。近日，经××省××市××区人民检察院提起公诉，某平台主播何某某因在直播间推广网络赌博平台，诱导粉丝参与赌博，被法院以开设赌场罪判处有期徒刑两年，并处罚金人民币50000元。

主播何某某原为某直播平台的体育赛事主播，经常直播球类比赛，由于讲解风格新颖，拥有一批自己的粉丝。2019年9月，何某某收到微信好友私信，询问其是否愿意做赌博网站代理，并以其下线赌客在平台赌博输钱的一定比例作为佣金进行诱惑。在利益面前何某某同意了，并在直播间和粉丝群推广赌博网站链接。

“还在犹豫的粉丝别错过机会”“跟着主播推荐买球队容易赢”，在主播的语言引导和粉丝的热烈讨论下，许多网友一进直播间和粉丝群就跟着兴奋起来，不自觉地点击主播推送的赌博网站链接，注册会员并不停下注。这些链接，实际上就是境外网络赌博平台，想让你输光家产，就绝不会给你留一毛钱。

“他们明面上是在直播体育比赛，私下里却为赌博行为‘引流’。”承办检察官说。何某某在直播过程中，自我包装为赌球高手，对比赛结果预测准确率高，诱导观众在赌博平台注册会员充值参赌。平台提供体育、电竞、棋牌、彩票等多种赌博项目。何某某交代，除实时类比赛外，其他的赌博项目输赢均可由平台进行操控，其主要通过和赌博网站合作，引流发展会员，根据会员用户赌博输钱金额乘一定比例再扣除手续费的方式获利。截至案发，何某某共发展了下线用户140人，代理账号赚取佣金共计26万余元。

直播间赌博是网络赌博的一种新型方式，因网络直播具有传播速度快、受众范围广等特点，直播间涉赌往往参赌人数多、涉案金额大，社会影响面和危害性极大。用户一旦参与其中就很有可能会“上头”。

作为直播从业者，必须严格规范自身行为，担任网络赌博平台代理、引诱网友走上赌博不归路，这种行为已涉嫌犯罪，将受到法律严惩；作为消费者，观看网络直播时要提高警惕，切勿点击不明链接，不要因一时诱惑丧失理智，被赌博等违法犯罪“收割”钱财。

（资料来源：法治日报）

项目四

规划直播内容

情景导入

在创建完直播账号之后，李磊和王梅组成的学习小组，希望可以开始一场正式的直播，但不知道直播该如何下手，他们心中缺乏关于直播主题、直播选品等内容的整体框架。此时，为帮助学生更好地完成一场直播，老师交给他们一个任务，写一份策划案，具体内容包括直播的主题、直播内容、直播选品以及直播营销方法。于是，学习小组通过调研，查找资料，对直播内容做了详细策划，确定清楚了直播主题、直播商品以及直播营销方法等，着手开始一场直播。

知识目标

- 了解直播主题的选择策略；
- 了解直播过程中的预热暖场、商品介绍和互动交流的方法；
- 了解不同商品的介绍要点；
- 了解直播选品的定义、原则及渠道；
- 了解直播营销话术及策略。

技能目标

- 能够合理确定直播主题；
- 能够在直播过程中进行预热暖场、商品介绍和互动交流；
- 掌握不同商品的介绍要点；
- 掌握直播选品的定义、原则及渠道；
- 掌握直播营销话术及策略。

素养目标

- 树立法治意识，自觉遵守国家法律法规；
- 具备强烈的社会责任感，关注社会热点和民生问题，积极弘扬正能量。

任务一 选好直播主题

在直播前规划直播内容至关重要，这有助于确保直播的顺利进行并达到预期效果。在开始直播之前，根据主要的目标，如推广产品、提升品牌知名度、分享知识或娱乐观众，选择一个明确且吸引人的主题，确保内容与目标相符。

一、选好直播主题的策略

选择合适的直播主题才能让直播间留住观众。直播主题的选择可以综合考虑以下几个方面来确定。

1. 明确受众需求与兴趣

可以通过调查、社交媒体互动等方式，了解直播间目标受众的年龄、性别、地域、消费习惯等信息，了解受众对哪些产品或话题感兴趣，从而为他们提供符合其喜好的直播内容。

2. 结合产品特点与优势

在直播时，需要将产品的独特之处、创新点或优势作为直播主题的核心，展示产品使用场景，吸引观众的注意力。

3. 关注行业趋势与热点

关注当前行业的热门话题、新品发布、流行趋势等，将这些元素融入直播主题，增加话题性。

4. 考虑季节性与节日因素

根据季节特点，设计相应的直播主题，如夏季清凉、冬季保暖等，满足观众在不同季节的需求。也可以结合各种节日、纪念日等，设计具有节日氛围的直播主题。

二、直播主题的类别

直播主题可以划分为多个分类，主要有产品展示与销售类、娱乐互动类、生活分享类、教育培训类等。此处简单介绍有产品展示与销售类、娱乐互动类、生活分享类和教育培训类主题。

1. 产品展示与销售类

产品展示与销售类直播主题主要围绕产品的介绍、展示和销售展开。主播会详细介绍产品的特点、功能、使用方法等，并通过直播的形式展示产品的实际效果，吸引观众购买。常见的包括服装搭配、美妆护肤、家居用品等产品的直播销售。图 4-1 所示为产品展示与销售类直播主题。

2. 娱乐互动类

娱乐互动类直播主题主要注重观众的参与和互动体验。主播可以组织各种游戏、竞赛、抽奖等活动,与观众进行实时互动,营造轻松愉快的氛围。这类直播通常具有较高的趣味性和观赏性,能够吸引大量观众的关注和参与。

3. 生活分享类

生活分享类直播的主题通常集中在主播的日常生活、旅行经历、美食制作等内容。主播通过直播向观众展示自己的生活状态、分享生活经验和感悟,同时与观众建立情感联系。选择这类直播主题能够引发观众的共鸣和兴趣,从而提升主播的人气和影响力。

4. 教育培训类

教育培训类直播主题旨在传递知识、分享经验或教授技能。主播可以是行业专家、学者或具有丰富经验的从业者,通过直播的形式向观众传授专业知识、技能或学习方法。这类直播主题通常适用于教育、职业培训、兴趣爱好等领域。图 4-2 所示为教育培训类直播主题。

图 4-1　产品展示与销售类直播主题

图 4-2　教育培训类直播主题

任务二　做好直播内容

在选好直播主题后,我们需要策划好本次直播的直播内容。直播内容的好坏直接影响直播的效果,影响销售量和销售额。做好直播内容可以从预热暖场、商品介绍和互动交流三个方面出发。

一、预热暖场

直播前的预热和暖场能够在直播开始之前吸引观众的注意，提升他们对直播的期待感，为直播的顺利进行打下良好的基础。对于直播主播来说，通过预热和暖场可以有效调动直播间的氛围，吸引更多的观众进入直播间。直播前的预热，能够直接影响主播的人气、直播的热度和观看直播的用户数量。下面介绍四种直播预热暖场方法。

1. 提前发布预告

在直播开始前的一两天，甚至更早，通过社交媒体、短视频平台、邮件等渠道发布直播预告，告知观众直播的时间、主题和内容。预告中可以包含一些吸引人的亮点，如特别的嘉宾、独特的活动或者限时的优惠等，以激发观众的兴趣。某直播商家在微信平台直播宣传预热如图 4-3 所示。

图 4-3 某直播商家在微信平台直播宣传预热

2. 制作吸引人的海报和短视频

为了展示直播的亮点和特色，可以设计一些富有创意的直播海报和短视频，并通过各大社交媒体平台进行推广，以吸引更多的潜在观众的关注。

3. 互动预热

在直播开始前，通过社交媒体与观众进行互动，如提问、投票、分享话题等，让观众提前参与到直播中来。这不仅可以增加观众的参与感，还能提前了解观众的需求和兴趣，为直播内容做更好的准备。

4. 暖场游戏

直播间暖场游戏有很多，如成语接龙、我画你猜、猜歌名、幸运抽奖、发红包和抽奖等。

在选择直播暖场游戏时，需要注意游戏的内容与直播的主题和风格相契合，同时游戏应简单易懂，方便观众参与。此外，主播还要根据直播间的实际情况和观众的反应灵活调整游戏节奏和难度，确保游戏能够顺利进行并达到预期效果。图 4-4 所示为某直播间发放红包截图。

图 4-4　某直播间发放红包截图

课堂实践

“双十一”活动即将来临，某品牌准备在抖音平台举办一场直播活动。作为直播策划运营人员，请你为直播设计预热暖场方案。

二、商品介绍

主播的基本素养之一是掌握商品信息并能详细全面地介绍产品。在开播前，主播需要提前深入了解产品，包括产品的功能、特点、优势、使用方法等，确保能够准确、全面地向观众介绍。此外，还需要研究潜在顾客的需求、喜好和购买习惯，以便能够更精准地定位商品介绍的内容和方式。主播可以利用高清摄像头多角度展示产品的外观、细节和材质，并通过实际操作和演示展示产品的使用效果和优势，让观众能够更加直观地了解产品，从而增强他们的信任感和购买欲望。下面介绍不同商品的介绍要点。

1. 美妆类商品介绍要点

（1）产品特性与功能：主播要清晰地描述产品的基本特性和功能。例如，对于护肤品，可以强调其保湿、抗衰老或美白等功效；对于彩妆品，则可以突出其色彩饱和度、持久度或遮瑕力等特性。

（2）成分与安全性：美妆产品的成分对于消费者来说是非常重要的考虑因素。介绍产品时，应详细列出主要成分，并解释这些成分如何对肌肤产生积极作用。同时，强调产品是否通过相关安全认证，以确保消费者的使用安全。

（3）适用人群与肤质：不同的产品适用于不同的人群和肤质。因此，在介绍美妆产品时，需要明确指出其适用人群和肤质类型，以便消费者根据自己的需求进行选择。

（4）使用方法与步骤：主播应详细且清晰的使用方法和步骤对消费者正确使用产品至关重要。对于复杂的彩妆产品，可以通过图示或视频教程进行演示，以便消费者理解和跟随操作。

（5）品牌与口碑：主播应介绍产品的品牌背景、历史及市场口碑，可以增强消费者对产品的信任感。同时，提及品牌的其他优秀产品或获得的荣誉，也有助于提升产品的形象。

（6）价格与价值：虽然价格不是决定购买的唯一因素，但消费者通常会关注产品的性价比。因此，在介绍美妆产品时，可以适当提及产品的价格，并解释其价格与价值之间的关系，帮助消费者做出合理的购买决策。

图 4-5 所示为某直播间美妆类商品直播。主播在直播间介绍口红时展示口红的外包装，描述其设计风格和质感；打开口红，展示口红的色泽、质地和膏体细节，让观众对产品有直观的认识。

图 4-5　某直播间美妆类商品直播

色号推荐与搭配：主播应根据观众的肤色、妆容风格和场合需求，推荐适合的口红色号；主播应提供色号搭配建议，如日常妆容可选择自然色，晚宴或重要场合可选择鲜艳或奢华色。

使用方法演示：主播应示范如何涂抹口红，包括唇部的轮廓勾勒、唇色的填充及唇形的修饰等步骤；主播应强调涂抹时的技巧和注意事项，如避免口红溢出唇线，保持唇妆的整洁和完美。

效果展示与对比：使用前后对比，主播应展示口红涂抹后的效果，突出其提亮肤色、增添气色的作用。

2. 服装类商品介绍要点

(1) 款式与设计：主播应详细描述服装的款式，包括其剪裁、板型、领口、袖口、口袋等细节设计。同时，主播应强调其独特之处，如创新的设计元素或独特的图案，以吸引消费者的注意力。

(2) 面料与材质：面料是影响服装舒适度和使用寿命的关键因素。因此，主播应详细介绍服装的面料类型、质地和手感，以及面料的优点，如透气性、保暖性、耐磨性等特性。此外，如果服装使用了特殊的处理工艺，如抗菌处理、防水处理等，也要进行详细说明。

(3) 尺寸与适合人群：主播应提供详细的尺寸信息，包括衣长、胸围、腰围等关键尺寸，以便消费者根据自己的身材选择合适的尺码。同时，主播应描述适合穿着该服装的人群特征，如年龄、性别、职业等，帮助消费者更好地定位自己的需求。

(4) 搭配建议：主播应提供与服装相搭配的其他服饰或配件的建议，如鞋子、包包、饰品等。这不仅可以为消费者提供完整的穿搭方案，还可以增加其他互补商品的销售机会。

(5) 品牌与品质保证：主播应介绍服装所属的品牌及其历史、理念等，提升消费者对产品的信任感。同时，强调产品的品质保证，如采用环保材料、严格的质量控制等，让消费者放心购买。

(6) 价格与价值：直播间应明确标出服装的价格，主播应解释其价格与价值之间的关系。通过强调产品的独特设计、优质面料和精湛工艺等方面，让消费者认识到产品的价值所在，从而觉得物有所值。

图 4-6 所示为某直播间服装类商品直播。主播在试穿衣服的同时，应详细介绍款式、设计、面料和颜色，适合什么季节穿，衣服的型号，穿搭建议，优惠活动等。

图 4-6　某直播间服装类商品直播

3. 数码产品介绍要点

(1) 产品的类型和功能。数码产品种类繁多,包括数码相机、手机、平板电脑、智能手表等,每种产品都有其独特的功能和用途。例如,数码相机主要用于拍摄照片和视频,而智能手机则集成了通话、上网、娱乐等多种功能。

(2) 产品的性能参数。性能参数是衡量数码产品优劣的重要指标,如相机的像素、电脑的处理器速度、屏幕的分辨率等。这些参数直接影响产品的使用体验,因此在介绍时要详细阐述,让消费者了解产品的性能水平。

(3) 产品的外观设计。数码产品的外观设计往往与其品牌形象和定位紧密相关,同时也影响着消费者的购买决策。在介绍数码产品时,要描述其外观特点,如颜色、材质、尺寸等,让消费者对其有一个直观的认识。

(4) 产品的软件系统和用户体验。数码产品的软件系统决定了其操作方式和功能实现,而用户体验则直接关系到消费者的满意度。因此,在介绍时要强调产品的易用性和人性化设计,如界面简洁明了、操作流畅便捷等。

(5) 售后服务。在直播中,主播可以介绍数码产品的品牌背景和口碑,强调品牌的可靠性和信誉度。同时,要介绍产品的售后服务政策,如保修期限、维修服务等,让观众在购买时更加放心。

图 4-7 所示为某直播间数码产品直播。主播在介绍智能手表时,不仅描述智能手表的外观特点,如表盘样式、材质、颜色,同时分享实际佩戴和使用智能手表的体验,包括电池续航、操作流畅度、界面设计等方面。

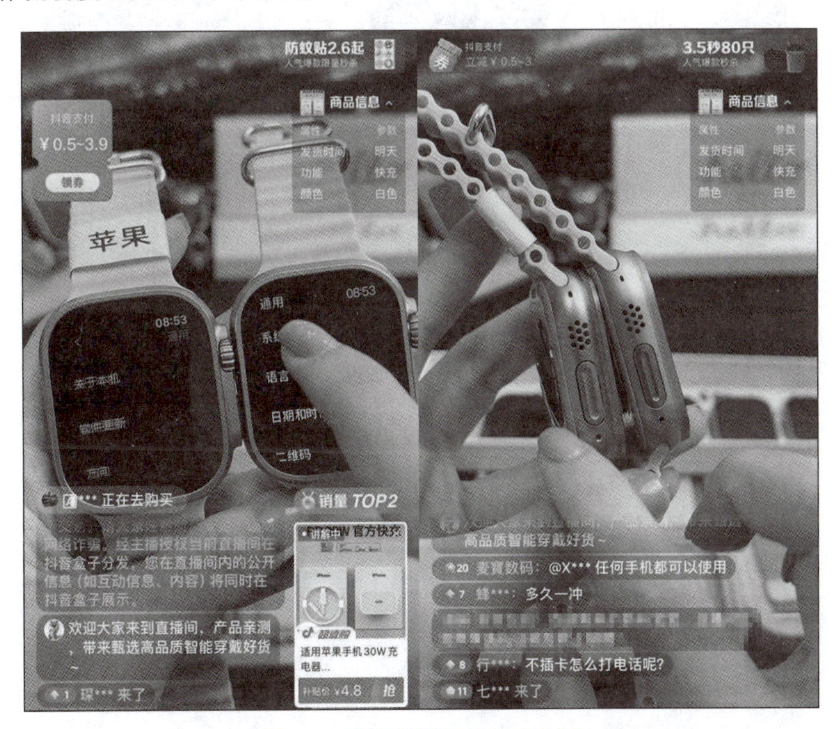

图 4-7 某直播间数码产品直播

4. 美食类商品讲解要点

(1) 食材与原料：主播应详细介绍美食产品的主要食材和原料，强调其新鲜度、质量、来源地等。例如，如果是一款特色小吃，可以强调其采用当地特色食材，确保原汁原味。

(2) 制作工艺：主播应描述美食产品的制作工艺和流程，包括独特的烹饪手法、秘制酱料等。对于传统美食，可以强调其传承的古老工艺和手工制作的精细程度。

(3) 口感与风味：主播应详细讲解美食产品的口感和风味特点，如酥脆可口、香甜软糯等。可以引导观众想象品尝时的感觉，激发他们的购买欲望。

(4) 营养价值：主播应介绍美食产品所含的营养成分，如蛋白质、维生素、矿物质等，强调其对健康的益处。这有助于提升产品的吸引力，让消费者觉得购买这款产品不仅美味，还有益健康。

(5) 包装与保存：主播应说明美食产品的包装方式，确保产品在运输和储存过程中的卫生和安全。同时，介绍产品的保存方法和保质期，让消费者放心购买。

(6) 品牌故事与文化背景：如果美食产品具有独特的品牌故事或文化背景，主播可以在讲解中提及。这有助于增加产品的附加值，提升消费者的认同感。

图 4-8 所示为某直播间美食商品直播，主播在向观众展示、讲解和试吃三文鱼。

图 4-8　某直播间三文鱼直播

三、互动交流

直播电商中的直播互动是提升用户体验、促进销售和增强品牌认知度的关键环节。以下是一些关于如何做好直播互动的建议。

1. 确定明确的互动策略

在直播开始前,明确互动的目标和预期效果,确定相应的互动策略。这包括确定互动的形式、频率及预期的参与人数等。

2. 选择合适的互动形式

根据直播内容和目标受众,选择合适的互动形式。例如,问答环节可以解答观众的疑惑,增加他们对产品的了解;抽奖活动可以激发观众的参与热情,提升直播的趣味性。

3. 保持热情、专业的态度

主播在直播过程中应保持热情、专业的态度,积极与观众互动,回答他们的问题,解决他们的疑虑。同时,注意语言表达的准确性和得体性,避免产生误解或留下负面印象。

4. 利用技术和工具增强互动

借助弹幕系统、投票功能、实时评论等技术和工具,方便观众参与互动。此外,可以使用数据分析工具,了解观众的参与情况,以便及时调整互动策略。

5. 建立社群互动

在直播结束后,通过社交媒体、微信群等方式,建立与观众的长期联系,持续进行互动。这不仅可以增强观众对品牌的忠诚度,还可以为未来的直播活动积累潜在观众。

6. 注意互动内容的合规性

在互动过程中,注意遵守相关法律法规和平台规定,避免涉及敏感话题或违规内容。同时,尊重观众的隐私和权益,避免泄露他们的个人信息或进行不当行为。

任务三 做好直播选品

一、选品的定义

直播选品是指在直播电商活动中,主播或运营团队根据直播主题、目标受众以及市场需求等因素,精心挑选和组合适合在直播中展示和销售的商品的过程。这个过程涉及对商品品质、特点、价格、市场需求等多方面的综合考虑,旨在通过优质的商品选择和搭配,提升直播内容的吸引力和观众的购买意愿,从而实现销售增长和品牌价值的提升。

二、选品的原则

直播选品通常需要遵循以下原则。

1. 高品质原则

高品质原则是指在直播电商活动中,所选取的商品应具备高品质、高可靠性和高性价比的特点。只有品质过硬的商品才能赢得消费者的信任和口碑,避免售后问题,提升直播间的转化率。具体来说,高品质原则体现在以下几个方面。

首先，商品的质量是核心。主播应严格筛选质量上乘的商品，确保其材质、工艺、性能等方面都达到行业高标准。这样的商品不仅能够满足消费者的基本需求，还能在使用过程中给消费者带来更好的体验，从而增强消费者的购买信心。

其次，商品的可靠性也是高品质原则的重要体现。主播在选品时，应充分考虑商品的耐用性、稳定性和安全性等因素，确保消费者在使用过程中不会遇到频繁的故障或安全隐患。这样不仅可以减少售后问题，还能提升消费者对商品的信任度和满意度。

此外，高性价比也是高品质原则的重要组成部分。主播在选品时，应综合考虑商品的价格和品质，确保消费者在购买时能够感受到物超所值的体验。这并不意味着选择最便宜的商品，而是要在保证品质的前提下，为消费者提供具有竞争力的价格。

2. 需求导向原则

需求导向原则是指在选品过程中，应以用户的需求为出发点和核心考量，确保所选商品能够精准满足目标受众的期望和偏好。一般来说，对用户需求的了解可以从粉丝画像、内容偏好、市场趋势等方面进行分析。

（1）粉丝画像。通过直播间的观看数据、用户行为数据、交易数据等多维度收集信息，构建用户画像，包括年龄、性别、地域、职业、兴趣等基本信息。根据粉丝画像，选择合适的商品。例如，如果目标用户是年轻女性，那么美妆、护肤、时尚服饰等商品可能是更合适的选择；如果目标用户是家庭主妇，那么家居用品、厨房电器等商品可能更具吸引力。

（2）内容偏好。观察用户在直播间的互动情况，如点赞、评论、分享等，了解用户对直播内容的喜好；分析用户对不同类型商品的关注度和购买意愿，发现潜在的热门商品或品类。

（3）市场趋势。市场趋势反映了行业的整体发展动向和用户的整体偏好。可以关注行业报告和市场研究，了解市场规模、增长速度、消费者行为等方面的详细数据；也可以通过观察热门话题、关键词搜索量、用户评论等信息，以洞察消费者的兴趣和需求。例如，如果某个商品或品类在社交媒体上引发了广泛讨论，或者在电商平台的搜索量激增，这可能意味着该商品或品类正成为市场的热点。此外，竞品分析也是了解市场趋势的重要手段。观察和分析竞争对手的直播内容、营销策略、用户反馈等信息，可以帮助企业发现市场的新趋势和潜在需求。例如，可以关注竞品在直播中推广的热门商品、使用的互动方式及用户的反馈，从而为自己的直播电商策略提供参考。

3. 多样性原则

为了避免观众审美疲劳和提高购买意愿，选品应保持多样性。主播可以选择不同类别、不同风格、不同功能的商品，以满足不同观众的需求。同时，也可以根据不同的直播主题和节日活动，调整选品策略，增加新鲜感。

三、选品的渠道

直播店铺选品的渠道多种多样，商家可以根据自身需求和实际情况选择合适的渠道，一般可以分为线上渠道和线下渠道。

1. 线上渠道

线上渠道通常会提供详细的商品信息、用户评价、销量数据等，使商家能够全面了解商品的质量、受欢迎程度和市场趋势。同时，线上选品可以减少商家的实体店面租金、人员成本等固定支出，降低运营成本。但是线上选品也存在缺点，线上选品主要依赖于商品描述、图片和视频等信息，商家无法直接触摸和感受商品的实际品质。这可能导致商家对商品的材质、做工、尺寸等方面存在误判。目前线上货源的渠道有以下 3 类。

1）直播平台的精选联盟

精选联盟是抖音连接商品和达人的双边平台，一边连接达人，一边连接商家。商家在精选联盟中设置商品佣金，达人则可以在线选择商品，并通过短视频或直播等方式，将商品的特色和优势展示给粉丝和观众，引导他们进行购买。当产生订单后，平台会按期与商家和达人进行结算。这种模式有助于商家推广商品，提升店铺销量，同时也为达人提供了一种新的营利方式。图 4-9 所示为抖音精选联盟界面。

2）电商平台

主播也可以在其他电商平台选择合适的商品，例如淘宝、拼多多、京东等。这些平台拥有丰富的商品种类，商品通常也都经过严格的筛选和审核，品质有保障。商家在选品时，可以更加放心地选择高质量、有口碑的商品。同时，电商平台还拥有强大的数据支持功能，商家可以根据平台提供的数据分析工具，了解商品的销售情况、受众喜好等信息，为选品和确定直播策略提供有力支持。图 4-10 所示为淘宝排行榜中热销夏季男运动裤。

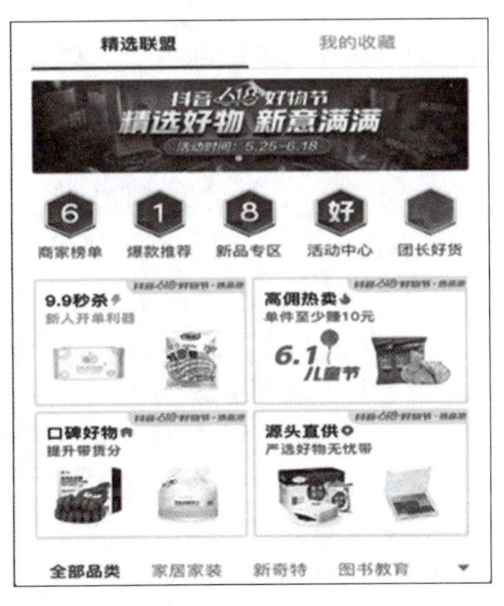

图 4-9 抖音精选联盟界面

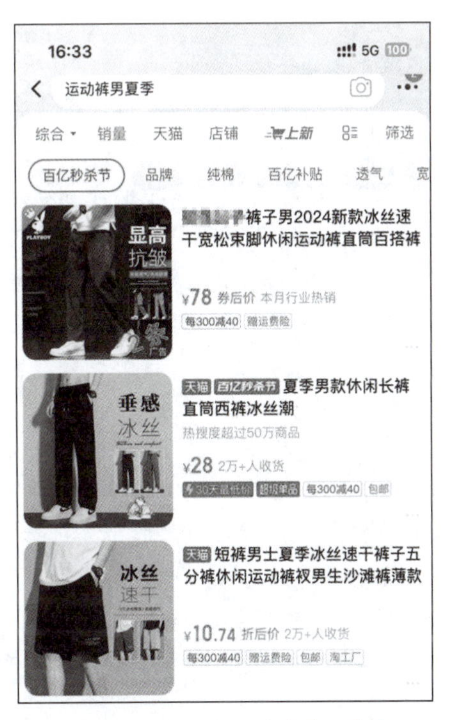

图 4-10 淘宝热销夏季男运动裤

3）货源批发网站

通过货源批发网站，主播可以随时随地进行采购，不受时间和地点的限制。只需在网站上搜索所需商品，与供应商在线沟通并下单，即可完成采购过程。很多新手通过货源批发网站选品，常见的货源批发网站有阿里巴巴 1688 网、义乌购、生意网、包牛牛等。图 4-11 所示为阿里巴巴 1688 网。

图 4-11　阿里巴巴 1688 网

2. 线下渠道

线下选品允许主播和商家直接接触商品，通过亲身体验来评估商品的质量、外观和实用性。同时，主播和商家可以根据目标受众的需求和喜好，与供应商合作进行个性化定制。这有助于打造独特的商品组合，形成差异化竞争优势，吸引更多消费者的关注。但线下选品需要主播和商家花费大量的时间和精力去实地考察、与供应商沟通及挑选商品。这相比于线上选品来说，效率较低，成本也相对较高。常见的线下渠道有以下三种。

1）批发市场或专业市场

商家可以前往当地的批发市场或专业市场，实地挑选商品。这种方式能够更直观地感受商品的质量和特性，与供应商面对面沟通，建立长期合作关系。

2）工厂或生产商

如果有条件，商家也可以直接联系工厂或生产商，获取一手货源。这种方式可以确保商品的质量和价格优势，但需要投入较多的时间和精力进行沟通和协调。

3）行业展会或交易会

参加行业展会或交易会也是商家获取优质选品的重要途径。在这些活动中，商家可以与多个供应商和厂家交流，了解最新的产品趋势和市场动态。

四、商品排品策略

直播间除了需要选品外，还需要对选择的产品进行合理的结构规划。合理的排品能够确保直播过程中商品的展示和介绍更加流畅、有序。观众可以清晰地了解每件商品的特点和优势，从而更容易做出购买决策。合理的排品策略能给用户带来良好的购物体验。业内普遍使用的排品方法为三品组合法，即引流款＋利润款＋主推款。

1. 引流款

引流款也就是我们俗称的福利款，这类商品通常具有受众人群广、单品价格低、性价比高的特点。它们主要用于吸引和留住用户，提高直播间的活跃度。虽然销售这些商品可能会让商家亏本，但它们可以带来大量的自然流量推荐，从而增加直播间的曝光度。

2. 利润款

利润款是直播间的主打商品，商家通过销售这些商品来实现盈利。它们通常是高品质或具有独特卖点的商品，能够吸引用户的购买欲望。在直播间中，利润款的销售是商家实现盈利的关键。利润款上架时间是在10～15分钟的时候，也就是刚讲解完福利款，直播间人气上升的时候放利润款。

3. 主推款

主推款是指店铺里的爆款，一般说来，某一个单品成为主推款后，它的销量会占据直播间销售的大部分甚至可以达到80%以上。店铺内主推款越多，权重效应就越强，销量就越大。这类商品的主要目的是提高直播间的UV价值，即增加直播间的独立访客数量。它们可能有些许利润，或者至少不会亏本，但更重要的是能够吸引用户并使他们长时间停留在直播间。

任务四 做好直播营销

一、直播营销的概念

直播营销是指通过网络直播平台实现产品或服务的推广和销售。这种营销方式以直播平台为载体，以提升企业品牌或产品销量为目的。主播通过直播平台进行产品或服务的介绍和演示，观众可以实时观看并与主播互动，从而达到推广和销售的效果。

二、直播营销的作用

直播营销的作用主要体现在以下五个方面。

1. 增强品牌曝光度

直播营销利用实时视频的形式，可以向更广泛的受众展示品牌、产品或服务。这种直观、生动的展示方式有助于提升品牌的认知度和美誉度，从而增强品牌的曝光度。

2. 促进销售转化

直播营销通过试穿试用、互动问答及在线下单等活动，能够直接刺激消费者的购买欲望，促进销售转化，提高产品的销售量和销售额。

3. 降低营销成本

与传统的营销方式相比，直播营销的成本相对较低。企业可以通过直播平台进行免费的宣传和推广，减少了广告费用和其他营销成本。

4. 提升用户互动和参与度

直播营销提供了实时互动的机会，使企业与消费者能够直接交流，回答消费者的问题，提供个性化的服务。这种互动不仅增加了用户的黏性，还提升了用户的参与度和对品牌的忠诚度。

5. 实时监测效果和调整策略

直播营销能够实时收集和分析观众反馈，了解营销效果，并根据反馈及时调整策略，优化营销活动，从而提高营销效率和效果。

三、直播营销的策略

直播营销的策略主要包括以下三点。

1. 提高账号权重

在直播电商领域，账号权重直接决定了直播间的曝光量、观众数量及最终的转化率，进而影响整体的销售业绩。具体来说，账号权重高的直播间在平台上的推荐位置会更靠前，从而吸引更多的潜在观众。同时，高权重的账号通常能够获得更多的流量扶持，这有助于提升直播间的活跃度和观众参与度。可以通过以下四种方法提高直播账号权重。

（1）完善基础信息。无论运营哪个平台的账号，第一步都需要完善账号的基础信息，包括头像、昵称、个性简介等。使用独特且易于记忆的用户名，并撰写吸引人的简介，让用户对你产生兴趣。

（2）避免违规降权。违规产生的后果可能相当严重，具体取决于违规的严重程度和次数。轻度违规不会对账号产生太大影响，可能只是降低信用分。然而，对于新账号来说，违规行为会严重影响其发展，可能导致账号难以获得流量。更严重的违规会带来更严重的后果。比如，一级违规可能导致主播被禁或封号，而二级、三级违规可能会受到警告、断流或封禁开播权限一定时间。违规不严重的账号一般在 7 天左右自动解封，而违规严重的账号可能会被封禁更长时间，甚至达到 180 天或 360 天。因此，直播一定要遵循平台的规则和政策，避免违规行为，确保账号的健康运营。图 4-12 所示为抖音直播规则学堂界面。

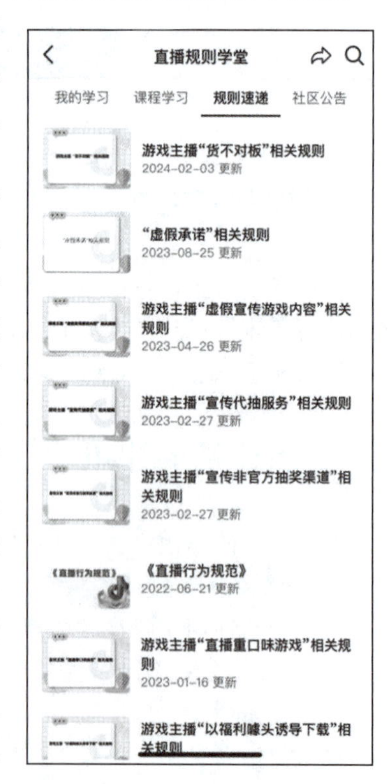

图 4-12　抖音直播规则学堂界面

（3）保持账号的活跃度。保持账号活跃度是一个持续且综合的过程，涉及内容策划、用户互动、营销策略等多个方面。首先是定期更新直播内容，引入新的主题和话题；其次是选择适合目标受众的直播时间，确保在观众活跃度高的时段进行直播。同时，保持一定的直播频率，既不过于频繁也不过于稀疏，以维持观众的期待和关注度；最后积极与观众进行互动，回答他们的问题，关注他们的反馈。设置互动环节，如抽奖、问答、投票等，提高观众的参与度和黏性。

（4）优化直播质量。提升直播画质、音质和流畅度，确保观众能够享受到高质量的观看体验。同时，注意直播间的布置和主播的形象，打造专业且吸引人的直播环境。此外，可以在直播中多分享一些有价值且有趣的内容。

2. 设计营销话术

直播间营销话术通常由以下六个部分构成。

1）开场白和欢迎粉丝

在直播开始时，主播打招呼并欢迎观众进入直播间，并简要介绍今天的直播内容和特色产品，激发观众的好奇心。例如，“大家好，欢迎各位亲爱的观众朋友们来到我的直播间！今天我要给大家介绍一款非常棒的产品，它不仅能够解决你们日常生活中的一些问题，还能带来全新的使用体验。相信大家一定会喜欢。”

2）讲解产品特点与优势

主播在正式开播后详细介绍产品的功能、材质、设计等方面的特点，突出介绍产品相较于其他品牌的优势，如性能卓越、价格实惠等。例如，“这款是××材质，穿起来一点都不显胖，特别显瘦，腰部的褶皱设计更能巧妙遮住小肚子，把裤脚折起来一截，不仅会有一种轻巧随意的感觉，更显得年轻有活力。”

3）互动与回应

直播间中主播始终要与用户保持互动，在互动中吸引用户、留住用户，并在不断的互动中把握整体的直播节奏。可以鼓励观众提问、发表评论，并及时回应他们的问题和反馈；也可以通过抽奖、问答等互动环节，增加直播的趣味性和观众的参与度。例如，“想要几号宝贝的扣1，几号宝贝的扣2。”“现在我来给大家介绍一下这款产品的功能，大家有什么问题或者不明白的地方，都可以随时在弹幕里提问哦！”

4）引导用户关注

在直播过程中，引导用户关注主播、关注直播间是提升粉丝数量、增强用户黏性的重要措施。可以在直播过程中，通过一定的话术，积极引导用户关注。需要注意的是，引导关注最好配合福利进行，如果直接去引导的话频率不要太高，不然容易让用户反感。例如，“没点关注的宝宝抓紧时间了，可以点一下关注，马上给大家抽限免单！没有点关注的宝宝可以点一下头顶上的关注哦，关注主播，是可以享受咱们直播间福利的。”

5）促进用户购买

直播最终的目的是促进用户购买商品。主播可以通过多种方试引导粉丝下单，包括强调产品优势、提供限时优惠、分享顾客好评、营造库存紧张的紧迫感，以及赠送福利吸引用户等多个方面引导粉丝下单。例如，“这款产品是我们精心挑选的，具有产品优势，无论是品质还是性价比，都是市场上的佼佼者。现在下单，还有限量优惠哦！”“各位，这次的优惠活动只限今天，错过今天就要等很久了！而且库存有限，先到先得，赶快下单吧！”“很多已经购买过的顾客都反馈说这款产品非常好用，纷纷表示物超所值。你们看看这些真实的评价，就知道我没有骗大家了！”

6）直播结束预告

直播结束话术对于一场直播来说同样重要。通过设计下播话术，主播不仅能够表达对观众的感谢，还能总结直播内容、预告下次直播，并与观众进行互动道别。这样的下播方式既温馨又专业，能够给观众留下良好的印象，提升观众的期待感。记得在下播时保持真诚和热情的态度，与观众建立长久的联系。例如，“非常感谢大家今天的陪伴和支持！你们的点赞、评论和分享是我最大的动力。希望下次直播还能再见到大家！”“下次直播，我们将会带来新话题或新产品，还有更多精彩内容等着大家。记得关注我的直播间，不要错过哦！”

3. “三点”直播营销法

直播电商中的“三点”是指痛点、痒点、爽点，是描述消费者在直播购物过程中的不同需求和感受。

（1）痛点是指消费者在购物过程中遇到的问题和困扰，是消费者的实际需求。在直播电商中，痛点可能表现为商品选择困难、价格不透明、物流速度慢、售后服务不到位等。例如，在双十一期间，用户的痛点可能是物流不及时，这时主播可以通过说明物流时效来解决用户的痛点，“亲爱的观众朋友们，双十一期间我们特别加快了发货团队的速度，确保您的订单能够尽快发出。请您放心下单，我们会全力以赴为您发货！”

（2）痒点是指满足消费者虚拟的自我形象，是刺激消费者购买欲望的关键点。在直播电商中，主播通过生动的展示和描述，以及限时抢购、优惠券等营销手段，激发消费者的购买欲望。例如，主播通过试穿、试用等方式，展示商品的效果和魅力，让消费者产生购买的冲动；或者通过限时抢购和优惠券等活动，让消费者感受到购买的紧迫性和优惠性，从而进一步刺激购买欲望。这些痒点使得消费者在购物过程中享受到乐趣和刺激，增加了购买的可能性。

（3）爽点是指消费者在购物过程中得到满足和愉悦感的体验。在直播电商中，爽点可能表现为购买到心仪的商品、享受到优质的售后服务、获得良好的购物体验等。例如，消费者通过直播购买到了心仪的商品，且商品质量符合预期，这会让他们感到满足和愉悦；或者消费者在购物过程中得到了主播的热情服务和专业建议，这会让他们感到被尊重和重视；又或者消费者在购物后享受到了快速、便捷的物流服务，这会让他们对购物过程感到满意和放心。这些爽点让消费者在购物过程中获得了积极的情感体验，提高了购物的满意度和忠诚度。

痛点、痒点、爽点是直播电商中消费者购物体验的三个关键方面。针对这些点，电商主播和平台需要不断优化商品选择、价格策略、物流服务及售后服务等方面，以提升消费者的购物体验和满意度。同时，通过精准的营销手段和个性化的服务，刺激消费者的购买欲望并满足他们的需求，从而实现直播电商的持续发展。

实训任务

实训背景

同学们学习了规划直播内容的方法后，对直播主题的选择、直播内容的规划、直播选品及直播营销方法有了深刻的认知，对直播开展的顺利进行信心越来越大。

实训目的

总结归纳知识点，对学习过程和成果做综合评价。现在有一个食品公司的农产品需要直播带货，请分别进行直播主题、直播内容、直播选品和营销方法的选择。

实训步骤

（1）确定直播主题的类别。

（2）确定预热暖场和互动交流的方法，确定商品介绍话术。

（3）确定直播选品、直播选品渠道及排品策略。

（4）确定直播营销话术和策略。

项目总结

通过本次直播内容的规划，小组成员对直播内容涉及的各方面内容有了一个初步的了解，提升了职业素养，增强了自信。

拓展阅读

打造电商中心，培育“三农”主播助农增收

“直播间的朋友们，来看看我们村民自己种的花生……”忠县马灌镇电商中心负责人一早就在农户的花生地里架起了手机开始直播。曾经经营服装店的她现在返乡成了镇上电商中心负责人，主要负责上门收购农产品和直播销售。

为了有稳定供给的高质量农产品，她跑遍了镇上十多个村子，挨家挨户商定收购标准。村民得到了实实在在的收益，马灌镇电商中心能卖货的消息越传越远，很快，临近乡镇上不少村民也将特色农产品送到了她负责的电商中心委托销售。

如今，在马灌镇电子商务中心的产品展示大厅，各种农特产品琳琅满目，不仅有马灌本地的“灌乡源”系列产品，还有忠县县内的忠州系列产品和周边区县的区域合作产品。

销路打开后，马灌镇因地制宜发展稻虾米、无花果、柑橘、桑葚、红糖、干豇豆、调味品等特色产业，以马灌电商中心为平台，通过直播带货，带动了30多家本地企业，以及周边乡镇的60多种特色农产品的销售，打造了佰忠源、饭飘香等50余个本土特色品牌，助推了忠县农特产品提升品牌价值，促进了农户增收致富，实现了“互联网＋产业”深度融合，推动了电商产业发展。

点开她负责的视频账号，摘柚子、采橙子、收豇豆……113条记录日常工作和乡村生活的短视频，目前，账号一共获得了1.5万次点赞，吸引了1万名“铁粉”在线关注马灌镇，俨然成了马灌镇的一张“名片”。

从2022年起，马灌镇的乡村电商产业依靠“一根网线”，不仅让村里的土特产“出山”，还让镇上的乡村美景“出圈”，给居民带来了实实在在的收益。

今年1—6月，马灌镇各类电商平台总销售额达3000万元，农家蔬菜、土鸡蛋、竹编制品都乘着互联网“快车”卖向全国各地。

项目五
策划直播

情景导入

直播电商发展潜力巨大,但企业要想做好直播电商并非易事。现在是内容营销时代,好的内容是营销的灵魂,优质的直播电商内容应根据用户对内容的不同反应进行创作生产,这样创作出的内容更契合用户的需求,更能赢得用户的支持与认可。因此,李磊和王梅的学习小组共同讨论如何策划一场成功的直播活动。在大家的热烈讨论中,他们逐渐明确了自己的直播策划方向:策划一场面向年轻人的直播活动。为了更好地呈现直播效果,李磊和王梅还特地设计了一个精美的直播间背景,设置了一系列互动环节和奖品。他们相信,只有用心策划和准备,这场直播活动才能够取得圆满成功。

知识目标

- 理解直播策划的基本原理;
- 熟悉直播策划的规划与创意;
- 熟悉直播流程的设计与执行。

技能目标

- 能够策划和执行直播;
- 能够制作和发布直播内容;
- 能够运用多种直播技术方法。

素养目标

- 树立诚信、守法等核心价值观念,使学生在实践中深刻理解和践行这些价值观;
- 注重培养法律意识,自觉遵守国家法律法规和相关政策;
- 具备良好的职业素养和团队协作精神。

任务一 选择合适的直播时间段

直播策划中选择合适的直播时间段是非常重要的，因为这关系到直播的观众参与度、观看人数及直播效果。

一、深入分析目标受众

深入分析目标受众是选择合适直播时间段的首要步骤，需要明确受众群体，包括他们的年龄段、性别分布、职业背景、教育背景等。这些因素都会影响受众群体的在线时间和观看习惯。

例如，如果受众主要是年轻人，他们可能更倾向于晚上观看直播，因为这个时间段年轻人通常比较空闲。而如果受众主要是职场人士，那么可能需要选择在晚上或周末进行直播，以避开工作时间。

此外，还需要深入了解受众的兴趣爱好、消费习惯及使用社交媒体的方式。这些信息可以通过市场调研、数据分析等方式获取。了解这些信息后，就可以更准确地选择适合受众的直播时间段，从而提高直播的观看率和参与度。

二、仔细考虑时区因素

时区差异对于全球性的直播活动来说是一个重要的考虑因素，策划者需要根据受众所在的时区来选择合适的直播时间，以确保尽可能多的受众能够实时观看直播。

如果覆盖多个时区，可能需要选择一个中间的时间段，以平衡不同时区观众的观看时间。同时，策划者也可以考虑录制直播内容，并在不同的时间段重播，以适应不同时区的观众。

除了时区差异，策划者还需要考虑夏令时、节假日等时令变化对时区的影响。这些变化可能会导致观众的观看时间发生变化，因此，策划者需要及时调整直播时间，以适应这些变化。

三、细致分析竞争对手

在选择直播时间段时，了解竞争对手的直播时间和内容是非常重要的。这不仅可以帮助避开与竞争对手直接冲突的时间段，还可以从竞争对手的直播策略中学习并吸取经验。

策划者可以通过社交媒体、直播平台等渠道关注竞争对手的直播活动，了解对手的直播时间、内容及观众互动情况。这些信息可以帮助判断哪些时间段是竞争对手的弱势时段，从而选择这些时段进行直播，以吸引更多的观众。

策划者也可以通过观察竞争对手的直播内容和形式，来改进自己的直播策略，提升自己的直播质量和吸引力。例如，可以学习对手的互动方式、话题选择等，以更好地吸引和留住观众。

四、考虑直播内容的性质

直播内容的性质对选择直播时间段有着重要的影响。不同类型的直播内容适合在不同的时间段进行。

例如，娱乐性质的直播内容可能更适合在晚上或周末进行，因为这时候观众有更多的空闲时间和娱乐需求。而教育或培训类的直播内容则可能更适合在工作日的晚上或周末白天进行，以便观众能够集中精力学习。

此外，策划者还需要考虑直播内容的时效性。如果直播内容与某个特定事件或节日相关，需要确保直播时间与这个事件或节日紧密相连，以吸引更多的关注和参与。

五、进行测试、调整与数据分析

在确定最终的直播时间段之前，进行测试是非常必要的。主播可以在不同的时间段进行试播，收集观众的反馈和数据，以便了解哪个时间段的观众参与度最高、留存率最好。

试播过程中，可以使用各种数据分析工具来跟踪观众的行为和偏好。这些数据可以帮助主播更准确地了解受众的需求和习惯，从而调整直播策略和时间安排。

根据测试的结果和数据分析的结论，对直播时间段进行微调。这个过程可能需要反复进行多次，因为观众的观看习惯可能会随着时间和环境的变化而变化。通过不断地测试和调整，找到最适合的直播时间段，提高直播的效果和观众满意度。

六、特殊情况的额外考虑

在特殊情况下，如节假日、大型活动或突发事件期间，观众的观看习惯可能会发生改变。在这些时候，需要密切关注市场动态和观众需求的变化，并灵活调整直播时间段和内容策略。

例如，在节假日期间，观众可能更愿意观看与节日相关的直播内容。因此，可以考虑增加与节日相关的直播内容，并调整直播时间以吸引更多的观众。同时，在大型活动或突发事件期间，也可以根据事件的进展和观众的反应来调整直播策略和时间安排。

七、保持时间一致性并提前预告

在确定了一个合适的直播时间段后，应尽量保持一致。这有助于培养观众的观看习惯并提高观众对直播的期待值。同时，如果需要调整直播时间，应提前告知观众并解释原因以避免造成不必要的困扰和误解。

提前预告也是吸引观众的重要手段之一。可以通过多种渠道发布预告信息，如社交媒体、电子邮件等，明确告知观众直播的时间、主题和亮点等关键信息。预告内容应简洁明了且具有吸引力以激发观众的兴趣和期待感。

在预告中设置互动环节或优惠活动也是一个有效的方法来吸引更多的观众参与进来并提高直播的活跃度和参与度。例如，设置问答环节、抽奖活动等来与观众进行互动并提高观众的参与热情。

任务二　策划直播脚本

一、什么是直播脚本

直播脚本是对直播的总体设计与细节安排，既包括确定直播主题、直播内容、直播时间、直播流程、直播设备、带货产品、主播等，也包括策划直播间预热引流、话题引入、产品讲解、上架顺序、促单话术、抽奖等，还包括设计直播所有环节、每个步骤对应的时间节点，以及相关人员及设备的协调与配合等。

例如，根据直播内容的需求，在准备基本的直播设备的情况下，还需要配备直播所需要的器材、工具。如果是美妆直播就需要确保有充足的灯光并使之具有一定的美颜作用，如果是服装直播就需要准备衣架、试衣间等。

又如，根据直播内容的需要，设计与安排直播所需人员及其分工合作。如果是带货零食，是否需要助理配合试吃；如果是带货服装，是否需要模特试穿；等等。

二、直播脚本的作用

直播脚本在直播营销活动中具有举足轻重的地位，其作用不仅贯穿于直播的全过程，还涉及直播前的准备和直播后的总结。以下是对直播脚本作用的更详细阐述。

1. 直播前的详细规划与准备

1）明确目标与定位

直播脚本首先帮助团队明确本次直播的主题、目的及预期的受众群体，从而确保所有准备工作都围绕这些核心点展开。

2）内容与流程的梳理

脚本中详细列出了直播的各个环节，包括产品介绍、互动环节、特别嘉宾出场等，这为主播和工作人员提供了一个清晰的工作蓝图。

3）资源配置与优化

根据脚本的需求，团队可以更有效地分配人力、物力和时间资源。例如，需要哪些人员参与、何时需要特定的道具或背景布置等。

4）风险预防与应对

脚本中通常还会考虑到可能出现的突发状况，如技术故障、嘉宾缺席等，并提前制订应对策略。

2. 直播过程中的指导与控制

1）时间管理

直播脚本中会设定每个环节的时间，确保直播内容紧凑且不失节奏，避免时间过长或过短。

2）内容质量控制

脚本确保了直播内容的准确性和专业性，避免出现错误的信息或不必要的口误。

3）互动环节设计

脚本中精心设计的互动环节能够有效提升观众的参与度和黏性，如问答、抽奖、投票等。

4）情绪与氛围的调控

脚本会考虑到直播过程中的氛围营造，如何提高观众的兴奋度、何时进行情感渲染等。

3. 直播后的总结与反馈

1）效果评估

直播结束后，团队可以根据脚本的执行情况来评估直播的效果，如哪些环节受到了观众的欢迎，哪些环节需要改进。

2）数据收集与分析

脚本的执行过程中可以收集到大量的观众反馈和数据，如观看时长、互动次数等，这些数据对于优化未来的直播策略至关重要。

3）经验总结与分享

每次直播后，团队成员可以根据脚本的执行情况进行经验分享，总结成功与不足之处，以便在未来的直播中加以改进。

直播脚本就像是一本精心编写的“剧本”，它确保了直播活动的有序、高效和精准。从直播前的准备到直播过程中的指导，再到直播后的总结与反馈，直播脚本都发挥着不可替代的作用。它不仅提升了直播的专业性和观众体验，还为团队提供了一个持续优化和改进的工具。

三、直播脚本的分类

直播脚本通常分为两类，一类是单品脚本，另一类是整场脚本。

1. 单品脚本

单品脚本是对某个产品的卖点的提炼，目的就是把该产品推销出去，单品脚本的逻辑是吸引受众—激发购买欲望打消顾虑—说服受众。

2. 整场脚本

整场脚本是对整场直播流程细节的设计与安排，贯穿直播的各个环节，一般包括以下环节。

(1) 开场预热:问候,自我介绍,欢迎观众到来,今日直播主题介绍。

(2) 话题引入:从直播的主题或当前热点事件切入,活跃直播间气氛,调动观众情绪。

(3) 产品介绍:根据产品单品脚本介绍,重点突出产品性能和价格优势。

(4) 观众互动:直播间可以通过发放福利留住观众,包括点关注、送礼物、抽奖、催单、穿插回答问题等。

3. 结尾预告

结尾预告包括全程回顾、催单、感谢观众、引导关注、预告下一次直播时间、福利和产品活动。

例如,以下是某场180分钟的直播脚本。

19:30—19:45 暖场互动15分钟,主播和进入直播间的观众打招呼,进行简单互动。

19:45—20:00 活动预告15分钟,预告产品及优惠力度,介绍奖品和抽奖规则,引导受众关注直播间。

20:00—20:10 抽奖互动10分钟,引导观众参与抽奖。

20:10—20:30 引流款产品介绍、引导成交20分钟,介绍产品,展示使用方法,分享产品使用经验。

20:30—20:40 主播讲述自己或团队的故事10分钟。

20:40—21:10 利润款产品介绍、引导成交30分钟,介绍产品,展示使用方法,分享产品使用经验。

21:10—21:30 形象款产品介绍、引导成交20分钟,介绍产品,展示使用方法,分享产品使用经验。

21:30—21:40 主播讲述自己或团队的故事10分钟。

21:40—22:00 福利款产品介绍、引导成交20分钟,介绍产品,展示使用方法,分享产品使用经验。

22:00—22:10 下期预告10分钟。

22:10—22:20 抽奖10分钟,引导受众参与抽奖。

22:20—22:30 讲结束语、感谢语10分钟。

以上只是一个简单版的直播脚本,实际上还应当对直播的每个流程进行详细的设计与安排。

任务三 直播商品演示

在从冷启动到人气提升再到人气稳定的过程中,主播要控制直播的节奏,引导观众互动,进而促成观众下单。主播可以通过解说与演示等营造产品的应用场景,提供解决方案,做信任背书,打消观众对产品质量的顾虑,提高观众对品牌的认可度。

一、解说

直播间的观众主要是通过主播的解说来了解产品的，因此，在直播中，主播应该为观众提供优质解说，如果观众听后感觉不错就可能会下单购买。

例如，带货美妆产品需要主播讲解化妆技巧，以及上妆时的感受，展示上妆后的效果，观众觉得满意了，就会下单购买。一场美妆产品直播就如一个美妆知识教学课程，观众观看直播的过程也是知识积累的过程。在这个过程中，通过主播的解说观众可以更加清楚地了解产品，另外，观众在观看过程中能够获取相关的知识，能够选择更加适合自己的产品，会感到心情愉悦。

主播可以从品牌、产地、工艺、品质、规格、成分、设计、功能、价格、售后、包装、使用方法、适用人群等角度详细地讲解产品，重点突出介绍产品的亮点和价格优势，尽可能地让观众对产品的基本信息有所了解。例如，“这款产品含有甘油、维生素 E、矿物油等成分，这些成分会使肌肤更滋润。”当对不同类型的产品进行介绍时，主播需要事先规划好每个产品的讲解时间，这样才能把握好直播的节奏，使直播顺利地完成。另外，主播在直播中应该全方位展现产品细节，通过展现产品细节来展现产品的品质，而不是以短、平、快的方式来诱导观众。

主播除了要专业准确地介绍产品外，还要在第一时间解答观众的疑惑，如果主播忽视观众的问题，可能会让观众失去继续观看的欲望，并且对主播产生抵触情绪。比如，针对观众对大众迈腾车后排座凸起的顾虑，主播解释：“后排凸起可是大众迈腾车的一个技术亮点，买车首先考虑的是车的安全性，大众迈腾车这个凸起设计是为了让底盘更低一些，这样重心自然也会更低一些，对操控性能有利，可以保证行驶安全。”

二、演示

一个优秀的主播不但会客观讲述产品特性，还会通过自己试用、试穿、试吃等向观众传达自身的感受，帮助观众找到适合自己的产品。如通过口红试色、家居用品使用体验、食品的试吃、服装的试穿等，主播清楚地表述自己使用产品的感受，以强化观众对产品的感知。

例如，推荐服装的主播可通过服装的搭配，使观众可以直观地看到服装的上身效果。某主播是一个服饰类主播，在直播带货中她会首先展示一下自己真实的身材，然后试穿自己售卖的衣服，这样有很好的参考效果。

在某主播的直播间里，该主播巧妙化身好物体验官，对于每款上架的产品，都会试用给观众看。卖粉底液时，她当场卸妆又上妆；卖按摩椅时，她直接把按摩椅搬进直播间，坐上按摩椅感受和讲解；卖多功能电饭煲时，她会在直播间里煮饭和烹饪。

又如，某直播间的最大的创新点在于采用沉浸式、场景化直播模式，直播过程都围绕着厨房、客厅、卧室等场景展开，结合不同的生活场景来充分展现产品的使用价值。厨房是做饭的地方，适合在这里介绍破壁机、烤箱、电饭煲、榨汁机等厨房电器；餐厅，则适合介绍啤酒、即食小龙虾和各种食品；客厅，适合介绍沙发、地毯、生活用品等。一次直播中，主播在客厅介绍可以抽真空的衣物收纳袋，一边介绍使用方法和优惠价格，一边抚平收纳袋的褶皱。介绍完成后，她靠向沙发，擦了擦脸上的汗，随后顺理成章地介绍起了擦汗用的纸巾。当然，这些巧妙的场景都是经过精心设计的。在开播前，团队会和主播一起设计直播中推荐产品的顺序，如哪些产品可以连在一起卖、哪些产品需要增加现场互动和演示。图 5-1 所示为某洗地机直播展示。

图 5-1 某洗地机直播展示

实训任务

根据直播电商策划中直播脚本，选择自己擅长的领域，如服饰、食品等，以母亲节为主题，试着做一份直播脚本。

实训背景

以母亲节这一主题为主，策划直播脚本，训练脚本制作能力。

实训目的

帮助学生更好地理解直播脚本的制作，做到知行合一。

实训步骤

(1) 确定直播主题和目标。

(2) 收集资料与信息。

(3) 确定直播流程与时间安排。

(4) 直播脚本的撰写。

(5) 直播测试。

(6) 修改与完善。

项目总结

通过学习本项目，使学生了解直播策划是直播电商课程中的核心环节，它涉及直播内容的选择、时间安排、互动方式等多个方面。一个优秀的直播策划能够吸引更多观众，提高销售转化率，从而为企业创造更大的价值。通过精心策划和执行直播活动，我们可以有效地吸引并转化潜在客户，提升品牌知名度和销售额。未来随着技术的发展和市场的变化，我们需要不断学习和调整直播策划策略以适应新的环境和需求。同时我们也要关注行业动态和观众反馈以便及时改进和优化我们的直播内容和形式。

拓展阅读

随着网络直播的兴起，许多高校也开始尝试将这一新兴媒介形式与思政教育相结合，以期达到更好的教育效果。某高校市场营销专业的学生们，在教师的指导下，进行了一次有意义的实践——为当地的农产品制作直播脚本，并进行实际的直播销售。

在项目开始之初，教师强调了此次实践的社会意义，即通过直播销售农产品，帮助农民打开销路，提高他们的收入。学生们在了解到这一背景后，深感自己所肩负的社会责任。他们明白，自己的工作不仅仅是为了完成一个课程项目，更是为了助力乡村振兴，为农民做实事。

为了更好地了解农产品和乡村文化，学生们亲自前往农田，与农民交流，了解他们的生活和农产品的种植、收获过程。这一过程中，学生们深刻体会到了农民的艰辛和不易，也更加珍惜食物和农民的劳动成果。在深入了解农产品和乡村文化后，学生们开始着手制作直播脚本。他们结合农产品的特点，设计了生动有趣的介绍和推销方式。

在脚本中，学生们不仅强调了农产品的品质，还融入了乡村文化和农民的故事，使直播内容更加丰富和吸引人。在一切准备就绪后，学生们进行了实际的直播销售。他们用自己的热情和专业知识，向观众推销农产品。直播过程中，学生们还邀请了当地农民作为嘉宾，让他们亲自介绍自己的产品和种植经验，增强了直播的真实性和互动性。

通过这次实践，学生们深刻体会到了自己作为大学生应该承担的社会责任。他们明白，自己的知识和技能不仅可以用来谋生，还可以用来为社会做贡献。在直播脚本的制作和直播过程中，学生们需要相互配合，共同完成任务。这不仅锻炼了他们的团队合作能力，还增强了他们的集体荣誉感。学生们不仅提升了自己的文案撰写能力、口才表达能力和市场营销能力，还学会了如何与农民沟通、如何了解市场需求等实用技能。

通过与农民的交流和亲身体验，学生们对乡村文化有了更深入的了解。这不仅有助于他们更好地推销农产品，还增强了他们对传统文化的认同感和尊重。

项目六

直播引流

情景导入

李磊和王梅的学习小组作为热衷学习新媒体运营的学生，深知在当今数字化时代，直播已经成为一种重要的传播和营销手段。小组成员研究和探讨如何通过直播有效引流，增加观众数量，提高互动率。

在学习小组的聚会上，李磊首先分享了他的研究心得："经过对市场的深入调研，我发现直播引流的关键在于内容的独特性和吸引力。我们需要找到观众感兴趣的话题，结合我们的专业知识，打造出有深度、有趣味的直播内容。"

王梅补充道："我同意李磊的观点。除了内容，我们还需要关注直播的呈现方式。例如，我们可以通过高质量的视觉设计和音频效果，提升观众的观看体验。同时，我们还可以利用社交媒体和短视频平台等渠道，提前宣传直播活动，吸引更多的潜在观众。"学习小组的成员们表示赞同，并开始热烈讨论具体的实施方案。

随着讨论的深入，李磊和王梅的学习小组对于直播引流的策略逐渐清晰起来。他们相信，只要坚持不懈地学习和实践，他们一定能够成为直播领域的佼佼者，为观众带来更多优质、有趣的直播内容。

知识目标

- 理解直播引流的基本概念；
- 熟悉直播引流的策略技巧；
- 掌握直播引流的操作流程。

技能目标

- 能够策划和执行直播预告；
- 能够制作和发布引流内容；
- 能够运用多种引流方法。

素养目标

在直播引流过程中，强调诚信、守法、友善等核心价值观念，使学生在实践中深刻理解和践行这些价值观。注重培养学生的法律意识，确保在直播活动中遵守国家法律法规和相关政策，维护市场的公平竞争和消费者的合法权益。直播引流活动需要学生具备良好的职业素养和团队协作精神。因此，通过实践活动，培养学生的沟通能力、团队协作能力、创新能力等职业素养。同时，在直播引流过程中要尊重消费者权益，提供优质的商品和服务，树立良好的职业道德风尚。

任务一　直播预热

一、预热的重要性

直播前的预热是整个直播营销活动的关键环节，它决定了直播的观众基数、参与度及最终的转化率。有效的预热不仅能够吸引更多的潜在观众，还能够激发他们的兴趣和购买欲望，为直播活动创造一个积极、热烈的氛围。制订巧妙的策略，让观众对直播内容产生强烈的期待感。在这个过程中，需要充分利用各种渠道和资源，将直播的信息、亮点和特色有效地传递给目标受众，以此提高他们的关注度和参与度。以下从四个方面进行阐述。

1. 提高直播曝光度和关注度

吸引更多观众：直播预热可以通过多种渠道宣传，如社交媒体、短视频平台等，从而吸引更多的潜在观众关注直播。例如，在社交媒体上发布直播预告，或者通过短视频展示直播的亮点，都能有效地提高直播的曝光度。

增加粉丝互动：通过直播预热，可以提前与粉丝进行互动，激发他们的兴趣和好奇心，使他们更有可能在直播时进入直播间观看。这种互动不仅能增加粉丝的黏性，还能为直播创造更好的氛围。

2. 增加用户参与度和互动性

提升观众参与度：直播预热可以让观众提前了解直播的主题和内容，从而增加他们在直播过程中的参与度。当观众对直播内容有所了解时，他们更有可能发表自己的观点和看法，与主播进行互动。

激发观众兴趣：通过预热过程中的一些互动环节，如问答、抽奖等，可以激发观众对直播的兴趣和期待。这种期待感会促使观众在直播开始时立即进入直播间，从而增加直播的观看人数。

3. 提升直播效果和销售额

提高销售转化率：直播预热可以通过展示产品特点、介绍优惠活动等方式，激发观众的购买欲望。当观众对直播中的产品有足够的了解时，他们更有可能在直播过程中下单购买，从而提高销售转化率。

增加销售额：通过有效的直播预热，可以吸引更多的目标客户群体进入直播间。当这些潜在客户被吸引到直播间后，主播可以通过精彩的直播内容和优惠活动促使他们下单购买，从而增加销售额。

4. 建立品牌形象和口碑

展示品牌特色：直播预热是展示品牌特色和优势的重要机会。通过精心策划的预热活动，可以让观众对品牌有更深入的了解，从而提升品牌在消费者心中的认知度和好感度。

建立口碑效应：当直播预热活动受到观众的认可和喜爱时，他们会自发地向亲朋好友推荐该直播活动。这种口碑传播不仅可以为直播带来更多的观众，还能为品牌的长远发展奠定良好基础。

二、预热内容与时间规划

电商直播作为当下最火热的销售模式之一，直播前的预热工作至关重要。一个成功的直播预热方案能够吸引大量观众，提升销售额，进一步巩固和提升品牌影响力。

1. 直播预热内容规划

1）核心信息的精准传递

首先，要明确直播的主题和定位，这决定了预热内容的方向和风格。无论是新品推广、节日促销还是品牌宣传，都需要确保预热内容与直播主题高度一致。其次，在预热内容中，必须清晰、准确地告知观众直播的具体时间和直播平台，以便他们能够准时参与。通过预热内容，展示直播中将出现的主打产品和可能的优惠、折扣或赠品，从而激发观众的购买欲望。

2）内容形式的多样化选择

高质量图文：设计吸引人的海报和图文，通过社交媒体、电子邮件或短信等方式发布，迅速且有效地传递直播信息。

动感短视频：制作富有创意和动感的短视频，展示产品的独特功能和卖点，或者透露直播的精彩瞬间，增加观众的期待值。

直播预告片与幕后花絮：可以制作专门的直播预告片，或者分享一些直播准备的幕后花絮，让观众对直播内容有更深入的了解。

3）与意见领袖和网红的深度合作

识别与直播主题和品牌高度匹配的知名人士，如行业专家、时尚博主或热门网红，邀请他们参与预热宣传。通过他们的口碑推荐和影响力，吸引其粉丝群体关注直播，从而扩大观众基础。

4）观众互动与参与的增强

设立各种线上互动游戏、问答和投票等环节，鼓励观众积极参与并分享，从而增加预热信息的传播广度和深度。提供一些小奖励或优惠券，以激励观众参与互动并关注直播。

2. 直播预热时间规划

1）预热周期的合理确定

根据直播的规模、重要性和目标受众，确定合理的预热周期。对于大型活动或重要直播，可能需要更长的预热时间来确保信息的充分传播。

2）时间节点的精细划分

初始阶段（如提前两周）：主要进行整体宣传计划的制订，确定合作伙伴和宣传渠道，开始制作预热内容。

早期预热（如提前一周）：发布预告性质的内容，如直播主题、时间和地点的基本信息，开始引发观众的好奇和期待。

中期加强（如提前 3～4 天）：逐步发布更详细的直播内容，包括产品介绍、嘉宾信息、特色环节等，持续提高观众的关注度。

冲刺阶段（直播前一天及当天）：加大宣传力度，发布倒计时、直播链接等最后提醒，确保观众准时参与。

3）发布时间的精心选择

深入研究目标观众的在线活跃时间和浏览习惯，选择在他们最活跃的时间段发布预热内容，以提高曝光率和互动率。

4）持续监测与实时调整

在预热过程中，要密切关注观众的反馈和数据变化，及时评估预热效果并进行调整。可以通过数据监控与分析工具来跟踪关键指标如点击率、分享率、观看时长等以评估观众对直播活动的兴趣程度和参与度。同时积极收集并处理观众的反馈意见和建议以便了解他们对直播内容和预热策略的看法并根据实际情况进行调整和优化。

电商直播的直播预热内容与时间规划是一个需要精心策划和严格执行的过程。通过明确核心信息、选择多样化的内容形式、与意见领袖合作及精细规划时间节点等方式，可以有效地提升直播的曝光度、参与度和销售效果，从而为电商直播的成功奠定坚实基础。

三、预热渠道与方法

1. 社交媒体的充分利用

在微博、微信、抖音等社交媒体平台上定期发布直播预告和亮点透露，通过精心设计的海报、短视频等形式吸引观众的注意力。利用社交媒体平台的互动功能，积极回应观众的问题和反馈，与他们建立紧密的联系。可以设置话题标签，让观众更方便地参与到直播的讨论中。

2. 合作推广的策略与实践

寻找与直播内容相关且有一定影响力的网红、意见领袖或品牌进行合作推广。制订具有吸引力的合作方案，明确双方的目标和利益分配。通过合作伙伴的渠道和资源，将直播活动推广给更广泛的受众群体。可以通过合作制作宣传视频、进行联合直播等形式，增加直播活动的曝光度和参与度。

3. 邮件/短信通知的有效运用

对于已经注册或关注你的用户，可以通过个性化的邮件或短信发送直播预告。在内容上要注重简洁明了、重点突出，并附上直播链接或二维码，方便观众快速进入直播间。

可以根据用户的兴趣和购买历史，制订更精准的推送策略，提高邮件/短信的打开率和转化率。

4. 线下宣传的配合

如果有线下实体店或活动场所，可以利用店内海报、宣传单页等形式进行直播预热宣传。

可以在线下活动中设置与直播相关的互动环节，如扫码关注直播间、参与直播互动等，引导观众关注并参与直播活动。

四、预热内容创作

1. 创意视频的制作与传播

制作一系列有趣、富有创意的短视频来介绍直播的亮点和特色。这些视频可以采用幽默、悬疑或温情等手法来吸引观众的注意力。一般来说，视频时长控制在30秒到1分钟之间，以保持观众的注意力。视频制作后通过多渠道进行传播，如社交媒体、视频网站、短视频平台等，以扩大视频的覆盖面和影响力。鼓励观众进行分享和转发，进一步拓展观众群体。

2. 图文宣传的设计与发布

设计吸引人的海报、宣传画和文案来宣传直播活动。要注重配色方案的选择和视觉元素的搭配，以提升视觉效果和吸引力。在各大社交媒体、论坛、博客等平台上发布这些图文宣传内容，以吸引更多潜在观众的关注。同时与合作伙伴进行资源共享和互推扩大宣传范围。

3. 互动活动的策划与执行

策划与直播内容相关的互动活动，如抽奖、答题、投票等，增加观众的参与感和归属感。设定明确的参与规则和奖励机制以激发观众的参与热情，并及时公布活动结果及进行奖品发放，保持活动的公信力和观众的信任度。同时，发起与直播主题相关的话题讨论，鼓励观众发表看法和意见。通过话题讨论了解观众的需求和反馈，为直播内容调整提供参考。

4. 注意事项及策略建议

确保预热内容与直播内容保持一致性和连贯性。根据不同平台和目标观众的特点进行个性化定制预热内容。通过数据分析工具监测预热效果并及时调整策略以提高效果。同时根据观众反馈优化直播内容和形式，以满足观众需求提高销售转化率。

五、评估、反馈与调整

在直播前、直播中和直播后都需要对预热策略进行评估、反馈和调整以确保其有效性，具体可以从以下几个方面进行。

1. 数据监控与分析

通过专业的数据分析工具监控关键指标如点击率、分享率、观看时长等以评估预热效果及观众对直播活动的兴趣程度和参与度。这些数据可以帮助我们了解哪些预热策略有效,哪些需要改进。

2. 观众反馈收集与处理

积极收集并处理观众的反馈意见和建议以便了解他们对直播内容和预热策略的看法。这些反馈可以帮助我们不断优化和调整直播内容和策略提升观众满意度。

3. 策略调整与优化

根据数据分析和观众反馈情况及时调整预热策略和方法以提高效果。例如,可以调整发布时间、增加或减少互动环节、优化宣传文案和视觉设计等。同时保持与合作伙伴的沟通和协作以确保双方利益最大化。

任务二 图文引流

淘宝直播的引流工作除了要用到直播预热和直播预告,还要重视直播封面图、直播标题的设置。

一、直播封面图设置

封面图是用户形成对直播间第一印象的重要途径,一个足够吸引人的封面图可以为直播间带来流量。打造优质的直播封面图要注意以下几点。

1. 保持美观、清晰

封面图应保持美观、干净、整洁,除了官方提供的角标、贴图等带有促销元素的内容以外,不能添加太多文字和其他贴图,否则会显得杂乱无章,影响用户阅读,导致用户在看到封面图的时候第一眼就划走。

图 6-1 和图 6-2 的两张封面图就非常干净、整洁、清晰,能够给人良好的视觉体验。

2. 色彩要适当

直播封面图的色彩要鲜艳,但不要过分华丽,只要能体现直播主题即可。坚决杜绝任何形式的“牛皮癣”,否则会影响重要内容的呈现效果。另外,由于直播封面图的背景本身就是白色,如果封面图中仍然选择白色背景,就会导致图片不够突出、醒目,很难吸引用户,所以封面中的背景禁用白色。

3. 图片尺寸合理

直播封面图的尺寸一般为 750×750 像素,最小不能低于 500×500 像素。

4. 封面图要考虑固定信息的展现

封面图的固定信息包括左上角的直播观看人数和右下角的点赞量,封面图的重要内容

图 6-1　女装店直播封面图

图 6-2　服装店直播封面图

要避开左上角和右下角，以免与直播观看人数、点赞量等构成部分相互干扰，影响观看体验。

5. 禁用合成图

为了不影响直播整体的浏览体验，封面图要放置一张自然、简洁的图片，禁用合成图，要让直播封面图看起来美观，呈现出良好的视觉效果。

6. 拒绝不当信息

直播封面图中不要出现令人不适的图片或低俗的图片等，这样的图片被官方检测到后，封面图就会被屏蔽，从而降低封面图的吸引力，严重者还会被封禁账号。考虑到这一点，类似内衣等贴身衣物的直播封面图一般不要出现任何人物元素，直接展示商品即可。

7. 符合直播主题

封面图要契合直播主题，让用户在看到直播封面图时就能了解直播的大致内容，进而决定是否要进入直播间。例如，主播在工厂直播实地看货，封面图要选择工厂、车间等实景图；主播在档口直播，封面图要选择档口实拍图；主播在直播间介绍商品，封面图最好不用模特或主播的人像图片，而是选择精美的商品细节图。

二、直播标题设置

直播标题就像短视频的文案一样，必须具有吸引人的特质。同一时间段会有很多人直播，而直播标题更吸引人的直播间，人气也更高。直播标题大致分为内容型、活动型和福利型三种类型。

1. 内容型标题

内容型标题主要体现直播推荐商品的功能和特点。服装类直播会重点介绍如何搭配，如“夏季出街搭配指南”“夏季新款减龄内外搭配”“粉色显瘦汉服穿搭”；图书类直播会重点介绍商品的功能特点，如“阅读，伴你成长”。

2. 活动型标题

活动型标题大多展示直播间商品的包邮条件、折扣优惠、限时抢购等，这样大部分用户会因为低价或促销活动进入直播间，如“优质文具新品半价”“夏季女鞋，新品五折”“品牌女包折扣秒杀”等。

3. 福利型标题

福利型标题与活动型标题很相似，都是展示利益点，让用户心动。福利型标题大多为“关注有礼”“随机抽奖”“直播间赠送商品”等，一般是为了引流，增加粉丝，用少量的成本吸引流量，为之后的销售做好铺垫，如“直播间有好礼”“直播下单，送大牌彩妆”“直播间点赞免费送”等。

了解了直播标题的类型，主播要想写出爆款标题，需要掌握以下写作技巧。

1. 戳痛点

戳痛点就是以人们在生活中的烦恼为核心，将商品与解决方式联系在一起，巧妙地运用到直播标题中。如果能够戳中用户的痛点，同时又告诉用户解决方案，就很容易引起用户的注意，如“喝水不沾杯的唇釉”“控油亲肤定妆试试它”“个人魅力有它更加分”等。

要想精准地戳中用户的痛点，主播要深入挖掘用户的需求点，了解他们想解决的问题，并将其与商品的功能特色联系起来。

2. 蹭热点

有热点的地方就会有流量。大部分人对热门事件非常感兴趣，所以蹭热点也能增加直播点击率，提升用户观看量。

3. 满足好奇心

好奇是人的天性，因此主播可以制造悬念，吸引用户的眼球，提升用户观看直播的兴趣，促使其点击进入直播间。在标题中提问就是一种不错的制造悬念的方式。提问的作用在于强调问题的存在，而人们在遇到问题时会对问题进行思考，从而不知不觉地点击进入直播间一探究竟，如“精致女孩怎么做？来！”“健康‘达人’的必备秘籍！”“咦！听说今晚有惊喜?”等。

4. 聚焦利益点

聚焦利益点就是除了给用户传递商品信息外，还传递出商品的附加值，类似“不仅可以在直播间买质优价廉的商品，还可以边买边学，获得实用的知识”这样的信息。例如“新手都可以学会的化妆技巧”“日常防晒知识教学”等，这种标题抓住了用户想从直播中获得实际利益的心理。

5. 运用逆向思维

主播很希望用户迅速点开直播间进行观看，并接受自己的推荐，所以很多主播起的标题是“跌破底价！走过路过不要错过!”。如果大家都这样说，用户就会逐渐麻木，并不太容易被这样的话语所吸引。因此，主播可以另辟蹊径，运用逆向思维，通过从不同的角度看事物，进行逆向表达，从而吸引用户的注意力，如“全球限量，不心动?”“小贵，但有很多人买”等。

6. 制造紧迫感

让标题充满紧迫感是召唤行动的一种表示，感受到紧迫感的用户会迅速点击观看直播。例如，“品牌爆款，千万别错过”“跨零点抢现货，付尾款”“新款现货福利限时抢”，这类标题旨在制造危机感，使用户担心害怕错过好货或福利，从而迫不及待地进入直播间抢购。

7. 增加娱乐性

现在人们的生活压力很大，所以轻松幽默、带有娱乐效果的直播内容和直播标题非常受欢迎，可以迅速吸引用户的目光，如“珠宝节，闪闪惹人爱”“我这就是瘦，不接受反驳”“我这不是壮，是幸福在歌唱”等。

8. 借用数字

在众多直播界面中，用户对单个直播标题的浏览时间往往不会超过 1 秒，要想在如此短的时间内抓住用户的眼球，主播可以巧借数字，让直播标题变得更加直观和简洁。人的大脑会筛选掉那些同质化的信息，优先识别不同的信息。而在标题中使用数字，可以增强标题的辨识度，降低大脑的思考难度，因此可以迅速引起用户的注意，如“享！专属买 1 送 10”“买 1 送 8，正装 0 元抢”。

9. 巧用修辞

一般情况下，使用修辞手法打造出的标题更容易引发用户的联想，因此主播可以采用这种方式提升直播标题的魅力，为用户制造想象空间，让用户自行联想商品的使用场景。修辞手法包括比喻、拟人等，例如“用它给心情洒满阳光”。

任务三 短视频引流

主播一般要在开播前 3 小时发布短视频为直播预热，这样在开播时将会有更多的用户进入直播间。短视频预热的方式主要有以下五种。

1. 短视频常规内容＋直播预热

“短视频常规内容＋直播预热”方式是指在短视频的前半段输出与平时风格相同的垂直内容，吸引固定的粉丝观看，然后在后半段进行直播预热。主播不要直接在一开始就告诉粉丝自己要直播，而要像往常一样输出垂直领域的内容，只是在快要结束的时候才宣布直播的主题和时间。

2. 纯直播预告

纯直播预告是主播采用真人出镜的方式，通知用户具体的开播时间。这种形式可以给人更真实、更贴近的感觉。例如，主播会在平时的短视频中向粉丝介绍各种服装的穿搭技巧，在直播预告中一般也会以真人出镜的形式口播直播的时间和主题，如图 6-3 所示。若粉丝黏性较强，则其在看到直播预告后进入直播间观看直播的可能性就较高。

3. 添加利益点

对于没有关注主播的用户来说，如果主播的话在直播预热视频中没有强大的诱惑力，他们是很难进入直播间的，所以主播可以在视频中添加利益点。例如，主播会在直播间抽奖，奖品有品牌包、新款手机、新上市的护肤品等。这样可以激发用户的兴趣，使其定时进入直播间。

4. 视频植入直播预告

主播可以在日常发布视频时植入直播预告，让用户在不知不觉中对直播时间和直播主题有了印象。例如，某主播在某个短视频中展开以“变装”为主题的剧情，通过两次剧情反转来吸引用户关注，在最后将剧情的发展与直播预告无缝衔接，同时设下福利预告的悬念，用户在沉浸于剧情的同时记住了直播的时间和主题，如图 6-4 所示。

图 6-3 纯直播预告

图 6-4 视频植入直播预告

5. 发布直播片段视频

很多影视剧在正式播出之前会放出很多花絮片段，目的是让用户对成片感兴趣。开直播之前发布直播片段也是如此。如果上一场直播中发生过一些有趣的事情，主播可以截取出来发短视频，为即将开始的下一场直播引流造势。

任务四 直播粉丝营销

吸引用户关注、增加粉丝数量并不是直播营销的最终目的，主播应当在吸引用户关注以后继续保持甚至提升直播间内容的精彩度，提升粉丝的转化率，只有这样才能获得满意的直播营销效果。

一、增加粉丝停留时长

如何留住粉丝是所有直播电商平台都需要考虑的问题，因为粉丝在直播间停留的时间越长，越有可能产生互动，进而产生销售转化。

要想增加粉丝停留时长，主播可以在以下几个方面做出努力。

1. 打磨直播内容

用户只会对有价值的内容感兴趣，只有优质的直播内容才能吸引更多用户在线驻留观看。因此，主播要在直播间中增加干货内容，通过分享专业知识和日常难题的解决方法来留住粉丝。

2. 发放奖励红包

主播可以时常给粉丝发放奖励，条件是观看直播达到相应的时长。如果粉丝对直播的内容很感兴趣，一般会驻留观看，而这时为粉丝提供奖励红包，就强化了粉丝与主播的联系，这种正向刺激会大大增加粉丝停留在直播间的时长，为之后的销售转化提供基础。

3. 互动抽奖

在直播间做抽奖活动既能活跃直播气氛，激发粉丝的参与感，又能为粉丝带来利益，吸引粉丝互动，增加粉丝停留时长。直播间的互动抽奖有以下几种方式。

1）评论截屏抽奖

主播选择一个固定的关键词，号召粉丝在评论区不停地刷关键词，主播随机截屏，抽取其中几名幸运粉丝给予奖品。为了做到公平、公正，主播要拿出手机对准镜头截图，并现场公布中奖名单。

2）整点、半点抽奖

整点、半点抽奖方式比较简单，基本每隔 30 分钟到 1 小时进行抽奖，粉丝到点抽奖即可。对于粉丝来说，直播内容的吸引程度或许已经足够，但整点、半点抽奖可以为粉丝提供期待感，且由于损失规避心理，粉丝不愿意离开直播间，这就增加了粉丝的停留时长。

3）答题抽奖

如果直播气氛不活跃，粉丝在直播间感到无聊，自然就没有停留的欲望了。主播可以随时用竞猜答题活动来活跃直播氛围，增强和粉丝间的趣味互动。竞猜答题的抽奖方式很简单，让粉丝在评论区回答，主播给最先答对的粉丝送出奖品。

二、提升粉丝转化率

转化率是指期望行为人数与总人数的比率，而粉丝转化率则是指在总体粉丝中，做出购买行为的粉丝数量与全部粉丝数量的比率。提升粉丝转化率的关键在于如何留存住粉丝，并促使粉丝做出购买决策。

1. 下单抽奖

主播可以在直播过程中提前公布奖品，并限定抽奖的条件，例如“只有下单了的粉丝才能参与抽奖，满 300 元可获得两次抽奖机会”。主播通过这种方式引导粉丝下单购买商品并抽奖，最后在下播前公布中奖名单。

2. 饥饿营销

饥饿营销就是将商品限量限时供应，营造出供不应求的感觉，以维护商品形象，并维持商品的较高售价和利润率的营销策略。例如，一款商品有 1000 件库存，在直播间做“秒杀”活动，直播过程中，随着粉丝的抢购，主播和助理一直在强调剩余的商品数量，为粉丝营造了紧张的购物氛围，制造了“有人在争夺便宜和实惠”的感觉，这会加快粉丝做出购买行为的速度。

3. *发送粉丝券*

粉丝券是主播在直播间发放的，仅限粉丝领取的一种定向优惠券。粉丝券本质上是商家优惠券，成本由商家承担，需要商家自行创建，与商家创建的其他优惠券不可同时使用。

粉丝券有助于主播在直播时将直播间的用户转化为粉丝，提升直播间的涨粉能力，并增强粉丝的黏性。由于粉丝在领取粉丝券以后必须在规定时间范围内选购粉丝券可用商品，并符合粉丝券使用条件才可使用，所以粉丝为了不浪费粉丝券，很有可能会前往特定页面购买相应的商品，这就提升了粉丝的购买转化率。

三、增强粉丝归属感

主播如果能让粉丝产生归属感，粉丝黏性就会得到增强，从而让粉丝长期关注直播间，并自发地帮助主播烘托直播间的气氛和控场。

增强粉丝归属感的方法主要是引导用户加入粉丝团。用户只要关注主播，头像右侧就会出现“加入粉丝团”的提示，并很快变成一个图形标志，如图 6-5 所示。粉丝点击“加入粉丝团”按钮，即可看到粉丝特权，支付 1 抖币后即可加入，如图 6-6 所示。

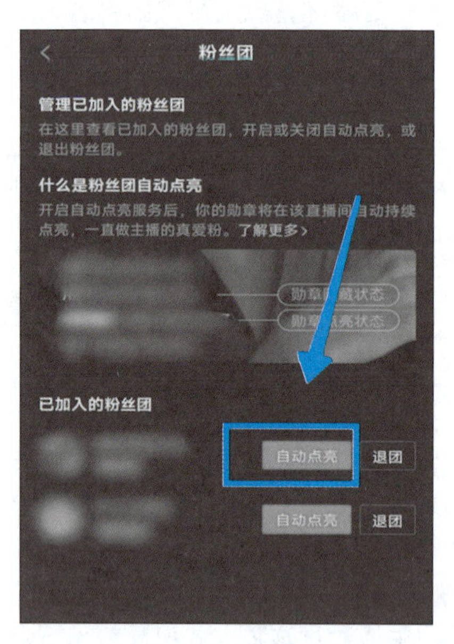

图 6-5　加入粉丝团标志

图 6-6　支付抖币加入粉丝团

用户加入主播的粉丝团后，不仅可以在直播间享受粉丝权益，还可以通过粉丝团任务提升自己和主播之间的亲密度。用户加入主播粉丝团的主要目的是得到主播的关注，让自己在直播间有更多的存在感和归属感。加入主播粉丝团的粉丝拥有粉丝团成员的专属粉丝徽章，且在直播间聊天时可以展示特殊的昵称颜色，还可以发送特殊样式的弹幕，拥有特殊的进场特效，这让其更容易获得主播的关注，增加了与主播互动的机会。加入粉丝团的粉丝还可以获得粉丝团专属福利，参与粉丝福利购，以最低的价格买到最合适的商品，而且提出的问题也会被主播优先解答。

另外，很多主播会给自己的粉丝团或长时间看自己直播的人起名字。这种起名字的方式，可以让粉丝产生归属感，从而建立与主播的长期联系。

除了粉丝团以外，主播在下播之后是没办法看到自己粉丝团的成员的，所以主播一般会创建粉丝群，把粉丝引流到自己的私域流量池，随时随地与粉丝互动，为粉丝提供专属内容，并定期举办线下活动，提升粉丝的黏性。

实训任务

根据直播电商引流中图文预热、短视频预热，选择自己擅长的领域，如服饰、食品等，以双十一大促为主题，试着做一场引流活动。

实训背景

“双十一”大促。

实训目的

帮助学生更好地理解直播引流，做到知行合一。

实训步骤

（1）确定直播目标。

（2）活动方案策划与筹备。

（3）达人筛选及选品。

（4）短视频＋直播联动。

（5）社交媒体预热。

项目总结

通过学习这一项目，学生可以理解直播引流预热对于提升直播间人气和转化率的重要性。预热不仅仅是为了告知观众即将进行的直播活动，更是为了激发他们的兴趣和好奇心，从而引导他们进入直播间并参与互动。利用个人主页预告、发布短视频、通过社交媒体宣传等方式，可以广泛而有效地吸引潜在观众的注意。同时，通过设置悬念和提供福利来进一步提高观众的积极性和参与度。

拓展阅读

虚假宣传被处罚

随着直播行业的蓬勃发展，直播引流预热成了各大电商平台和主播常用的营销手段。然而，一些主播为了追求更高的观看人数和销售业绩，不惜采用虚假宣传的手段来吸引观众。这种行为严重损害了消费者的权益，也破坏了市场的公平竞争环境。

在某大型直播平台上，一位知名主播在直播引流预热过程中，对一款保健品进行了过度宣传。该主播声称，这款保健品能够治疗高血压、糖尿病等多种慢性疾病，甚至还能延缓衰老。为了增强说服力，主播还展示了一些所谓的“用户反馈”和“专家推荐”。

受到主播的夸大宣传影响，大量消费者纷纷下单购买这款保健品。然而，消费者在使用后发现，产品并没有主播所宣传的神奇效果。许多消费者感到受骗，纷纷向平台和相关部门投诉。接到投诉后，直播平台立即展开了调查。经过核实，发现该主播确实存在虚假宣传的行为。平台根据相关规定，对该主播进行了处罚，包括罚款、暂停直播等。同时，平台还要求主播公开道歉，并承诺以后不再进行虚假宣传。除了平台的处罚外，该主播还可能面临更严重的法律后果。根据《广告法》和《消费者权益保护法》的相关规定，虚假宣传属于违法行为。如果情节严重，主播可能会面临刑事责任。此案例引起了社会各界的广泛关注。许多消费者表示，他们会更加谨慎地选择直播间的商品，并要求平台加强对主播的监管。同时，一些行业专家和律师也呼吁相关部门加大对直播行业的监管力度，保护消费者的合法权益。

这个案例揭示了直播行业中存在的虚假宣传问题。为了追求商业利益，一些主播不惜违反法律法规和道德规范进行虚假宣传。这种行为不仅损害了消费者的权益，也影响了整个行业的健康发展。因此，加强直播行业的监管和自律机制建设势在必行。同时，消费者也需要提高警惕，理性消费，避免被虚假宣传所蒙蔽。

项目七
实施直播

情景导入

学习小组通过深入学习，决定实施一场直播，以检验他们的学习成果并积累经验。

在一个阳光明媚的周末，学习小组的成员们准备开始他们的直播之旅。李磊负责调试直播设备和确保网络连接的稳定，王梅负责内容策划和主持工作。

在直播过程中，王梅与李磊紧密配合，展现了他们的专业素养和默契。王梅用生动有趣的语言向观众介绍了他们的学习小组和直播的目的，并邀请观众参与互动。李磊则负责技术支持，确保直播的顺利进行。

通过这次直播实践，学习小组不仅检验了他们的学习成果，还积累了宝贵的经验。他们深刻体会到直播的魅力和挑战，也了解了作为一名优秀的直播主播需要具备的专业素养和能力。

知识目标

- 了解直播电商的基本概念；
- 掌握直播电商的运营模式和操作技巧；
- 学习直播电商的操作流程。

技能目标

- 能够进行直播策划与准备；
- 能够进行直播演示与互动；
- 能够进行产品销售与推广。

素养目标

在直播过程中，强调诚信、守法、友善等核心价值观念，使学生在实践中深刻理解和践行这些价值观。注重培养学生的法律意识，确保在直播活动中遵守国家法律法规和相关政策，维护市场的公平竞争和消费者的合法权益。直播活动需要学生具备良好的职业素养和团队协作精神。因此，通过实践活动，培养学生的沟通能力、团队协作能力、创新能力等职业素养。

任务一 直播开场

一、如何做好开场

直播开场在直播活动中占据着举足轻重的地位，其重要性不容忽视。一个好的开场不仅能够立刻抓住观众的注意力，还能为整场直播定下一个积极、引人入胜的基调。以下是开场重要性的几个方面。

1. 第一印象的塑造

直播开场是观众对直播活动的第一印象。在心理学中，第一印象对于人际关系的建立至关重要，同样，在直播中，一个精彩、专业的开场能够为观众塑造一个积极、正面的形象，从而增加他们对直播内容的好感和信任。

2. 观众留存率的提升

网络时代，信息泛滥，观众的注意力是稀缺资源。一个吸引人的开场可以使直播在众多直播中脱颖而出，吸引观众继续观看，从而提高观众的留存率。观众留存率的提升，意味着更多的观众会接触到直播的核心内容，这对于品牌宣传、产品销售等都具有重要意义。

3. 互动氛围的营造

开场不仅是单向的信息传递，更是与观众建立情感连接的重要时刻。通过热情的问候、真诚的自我介绍以及引人入胜的主题介绍，主播能够在短时间内与观众建立起一种亲切、信任的关系，从而营造出轻松、活跃的互动氛围。这种氛围对于后续的直播互动、产品销售等环节都至关重要。

4. 引导观众行为

在开场中，主播通常会引导观众进行关注、分享等操作。这些操作对于提高直播间的曝光率、增加粉丝数量以及扩大直播的影响力都具有重要作用。一个有效的开场能够显著提高这些观众行为的转化率。

5. 为直播内容做铺垫

开场不仅仅是简单的问候和介绍，更是为即将展开的直播内容做铺垫的重要时刻。通过预告直播的亮点、特色环节以及可能涉及的互动方式，开场能够激发观众对后续内容的期待和好奇心，从而增加他们参与直播的积极性和投入度。

二、直播开场白步骤及内容

1. 热情洋溢的问候

例如："大家好！哇，看到直播间这么热闹，我真的超级激动！非常感谢大家，在这么多直播中选择了我。我是你们的主播，再次感谢大家在这个美好的夜晚（或者白天），与我相聚在这里。"

2. 详细自我介绍

例如："可能有些新朋友对我还不太熟悉，那么请允许我为大家做一个详细的自我介绍。我叫×××，在这个[具体行业/兴趣领域]已经深耕了多年。从最初的探索到现在的小有成就，我经历过很多挑战，也积累了大量的经验和知识。我希望通过今天的直播，能够与大家分享这些宝贵的经验和见解。"

3. 深入阐述直播主题

例如："好啦，那我们接下来就切入正题。今天的直播主题是[具体主题]。这个主题，我相信是很多人都非常关心和感兴趣的。我们不仅会深入探讨[主题]的各个方面，还会分享一些行业内幕和实用技巧。无论你是这个领域的新手，还是资深玩家，我相信今天的内容都会让你觉得受益匪浅。"

4. 引导观众关注与分享

例如："如果你觉得今天的直播内容有价值，或者想要持续关注我的直播，不妨点个关注，这样你就不会错过我未来的任何一场直播。同时，如果你觉得今天的直播不错，也欢迎你分享我们的直播间，让更多的朋友们能够一起加入我们的学习和交流。"

5. 预告直播的亮点与特色

例如："在今天的直播中，除了讲解[主题]的核心内容，我还会邀请行业内的专家进行连线，为我们解答一些常见问题。而且，我们还准备了多轮抽奖环节，你有机会赢取我们提供的丰富奖品，包括[具体奖品]，等等。所以，大家一定要留在直播间，不要错过任何一个精彩环节！"

6. 鼓励观众实时互动

例如："直播过程中，我非常希望大家能够与我实时互动。如果你有任何疑问、想法或者建议，都可以在弹幕或评论区留言。我会尽量回答大家的问题，并根据你们的反馈调整直播内容。这样，我们的直播就能更加贴近大家的需求和兴趣。"

7. 再次感谢与祝愿

例如："最后，我要再次感谢每一位进入直播间的朋友。是你们的支持和陪伴，让我有动力站在这里，与大家分享知识和经验。希望今天的直播能给你们带来愉快的体验，也希望你们能在这个直播间找到属于自己的价值和乐趣。好啦，话不多说，让我们开始今天的直播之旅吧！"

通过这样的开场白，主播不仅能够迅速拉近与观众的距离，还能够明确传达直播的主题、亮点和特色，为后续的直播内容奠定良好的基础。同时，通过鼓励和引导观众进行实时互动，主播还能够营造出更加活跃和有趣的直播氛围。

三、直播开场技巧与注意事项

直播开场是整场直播的“门面”，一个成功的开场能迅速吸引观众的注意力，提升直播间的氛围，为后续直播内容打下良好的基础。以下是一些直播开场的技巧和注意事项。

1. 开场技巧

(1) 热情问候，拉近距离。

(2) 自我介绍，建立信任。

(3) 明确主题，吸引关注。

(4) 引导关注与分享，扩大影响。

(5) 预告亮点，提升期待。

(6) 互动环节，拉近关系。

2. 注意事项

(1) 语速适中，清晰表达。

(2) 面带微笑，传递正能量。

(3) 准备充分，自信满满。

(4) 避免过度推销。

(5) 注意时间控制。

(6) 保持灵活性。

一个成功的直播开场需要综合运用各种技巧并注意相关事项。通过热情问候、自我介绍、明确主题、引导关注与分享、预告亮点以及互动环节等技巧的运用，可以打造一个吸引人且富有活力的直播间。同时，注意语速适中、面带微笑、准备充分等事项也是确保开场成功的重要因素。

任务二 直播互动

主播在直播时不能毫无激情地自说自话，更不能沉默不语，而要使用各种方法引导用户积极互动，在活跃直播氛围的同时感染观众，吸引越来越多的人进入直播间观看直播。

一、运用平台工具进行直播互动

在引导用户互动时，主播可以充分运用平台的各种工具，其中连麦是使用率较高的互动工具。连麦的玩法有三种，分别是账号导粉、连麦 PK(挑战)和与粉丝连麦。

1. 账号导粉

账号导粉是指引导自己的粉丝关注对方的账号，对方也以同样的方式回赠关注，互惠互利。在引导关注时，主播可以夸奖或“吐槽”对方主播，给自己的粉丝关注对方的理由。同时，主播还可以引导自己的粉丝去对方的直播间抢红包或福利，活跃对方直播间的氛围。

2. 连麦 PK(挑战)

连麦 PK 时，主播选择的对象最好与自己的粉丝量相近，这是连麦合作的前提，如果双方选择的商品是互补的，这样就能最大化引流，增加双方的销售额。如果主播和 PK 对象是同一个领域的，粉丝本身具备一定的重叠度，就很难满足粉丝的多重选择需求，这样容易流失粉丝。因此，如果主播没有很强的能力引导对方粉丝关注直播间，进而提升购买率，那么不建议选择直播商品一致的主播连麦 PK。

连麦 PK 在一定程度上是资源置换，相当于增加一个曝光的广告位。因此，主播要把握好短时间曝光，给对方粉丝送福利，通过福利引导对方粉丝关注，为自己的账号“增粉”。

连麦 PK 结束后，连麦并不会主动断开，除非一方主播主动切断连麦。主播要利用好连麦 PK 结束后的时间，继续保持和双方粉丝的互动，尤其是对方粉丝，可以送出一些福利，引导他们加入粉丝团或关注直播间；也可以选择表演一些才艺，突出自己的人设，给对方粉丝一个关注你的理由。

3. 与粉丝连麦

主播与粉丝连麦可以有效地解决直播间转化和互动的问题。

但需要注意的是，主播解答的问题要有普适性，在与粉丝连麦时要兼顾未连麦但在看直播的其他粉丝。例如皮肤问题，油皮、干皮和混合皮这种大方向的问题更合适与粉丝连麦的方式解答。主播与粉丝连麦的时间也要控制好，3～5 分钟为宜，有针对性地解决问题即可，不要过于啰唆。主播可将与粉丝连麦常态化，作为直播的固定答疑板块，这样一方面可以增强主播的专业人设，另一方面可以通过讲解加深连接，有利于直播间的购买转化率。

二、品牌商/企业领导助播增流

很多品牌商和企业的领导看中了直播的影响力和营销潜力，纷纷走到直播镜头前侃侃而谈，且大多数企业领导所参与的直播获得了巨大的成功。企业领导亲临直播间助播增流，也在一定程度上提升了主播的影响力。

例如，小米品牌创办人雷军在抖音开启直播，主要是为了宣传和推广小米 SU7 电动汽车，同时与网友进行互动，解答疑问。雷军亲自走进直播间，详细介绍了小米汽车的交付情况，并回应了网友的提问。在直播前，雷军通过个人微博积极发布与小米 SU7 相关的内容，为直播造势。据统计，从 2024 年 3 月 12 日品牌“官宣”小米 SU7 上市时间到最终定档 3 月 28 日晚，雷军个人微博活跃度明显提升，发布了数十条相关内容。直播期间，观看人数持续上升，互动频繁，有效地提升了小米 SU7 的知名度和关注度。

小米 SU7 电动汽车在直播后的销售数据也呈现上升趋势，证明了企业领导助播对销售的促进作用，如图 7-1 所示。

图 7-1　企业领导助播增流

作为互联网领域的热门领军人物，雷军一直有着很高的话题度，再加上作为小米公司的创始人，他在直播间的出现和带货行为不仅为直播增加了话题性，增加了直播间的人气，还给直播间做了信任背书。

三、做好直播控评

无论主播做得多好，直播间里也总会出现不喜欢直播内容或单纯想要发泄情绪的人，这些人可能会“鸡蛋里挑骨头”，在直播间说出一些不文明或极端的话，这会对直播氛围产生非常不好的影响，影响其他用户的观看体验。

因此，主播要做好直播控评工作。控评就是控制评论内容，为了防止直播间内出现不好的言论或某些不怀好意的人胡乱带节奏，主播可以在开直播之前进行设置，运用设置屏蔽词的功能，输入想要屏蔽的关键词，以此来消除可能会出现的不良信息，避免直播间的评论被不良信息带偏，打乱直播节奏。

任务三　直播收尾

直播后期管理包括直播商品物流管理、售后管理和直播内容二次传播，这些都为商家的直播带货提供了支持，并促进商家的电商直播进一步扩大影响力。

一、直播商品物流、售后管理

购买商品以后，直播电商就进入物流和售后阶段。商家可以充分运用后台进行物流管理和售后管理，以提高工作效率。

1. 物流管理

为了帮助商家定位物流问题，及时跟进和处理，降低消费者咨询和投诉的概率，商家后台在物流模块上线了包裹中心功能。如果已发货的订单中出现物流轨迹异常，商家要及时关注和解决。例如，商家在发货后没有物流揽收信息的更新，包裹中心会生成一条“即将揽收超时”的待处理记录，商家要及时联系快递公司在发货后 24 小时之内完成揽收，以免用户投诉。

除此之外，在遇到发运超时、中转超时、签收超时、包裹存在问题等情况时，包裹中心都会向商家提示预警，提醒商家及时联系快递公司处理问题。

2. 售后管理

设立专门的客户服务团队，提供咨询、投诉、建议等多元化服务。如果用户想要退款，并发起了退款申请，商家一般要同意退款。如果商家已经实际发货，可以拒绝用户的退款操作，并选择拒绝退款的原因，但只有在填写了发货的物流信息以后才能操作成功。后台会向商家提示所有用户提出的退款申请待处理信息，商家要在 48 小时内进行处理，否则系统会默认商家同意用户的退款申请。提供延长保修、只换不修等增值服务，以增加客户对产品的信心和满意度。定期开展客户满意度调查，收集客户对产品和服务的反馈意见。根据客户反馈及时调整产品和服务策略，以满足客户需求并提高客户满意度。

二、直播内容二次传播

直播结束并不意味着整个直播工作的结束。在直播结束后，直播策划者可以将直播活动的视频进行二次加工，并在抖音、快手、微信、微博等平台上进行二次传播，最大限度地放大直播效果。

为了保证直播活动二次传播的效果，直播策划者可以参照以下三个步骤来完成，如图 7-2 所示。

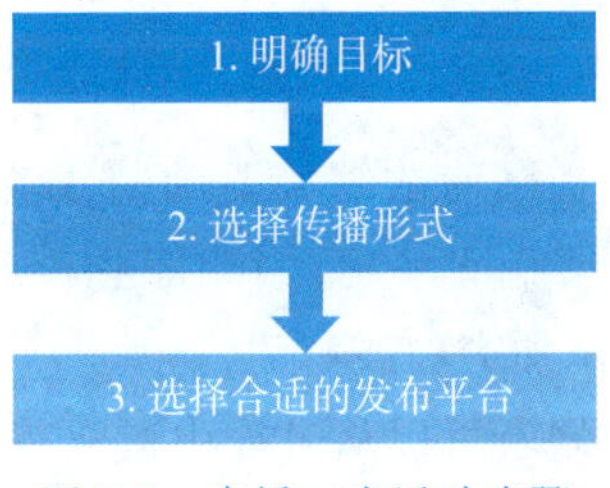

图 7-2 直播二次活动步骤

1. 明确目标

要想实现直播活动的二次传播，直播策划者首先要明确二次传播要实现的目标，如提高品牌的知名度、美誉度、商品销量等。需要注意的是，直播活动二次传播要实现的目标并非是孤立的，而应当与商家确定的整体市场营销目标相匹配。

2. 选择传播形式

明确了传播目标以后，直播策划者要选择合适的传播形式将直播活动的二次传播信息发布到网上。目前常见的传播形式有视频、软文两种，直播策划者可以选择其中一种形式来使用，也可以将两种形式组合起来使用。

1）视频

在直播结束后，通过视频的形式分享直播活动的现场情况是直播活动二次传播的有效方式之一，这包括录制直播画面、直播画面浓缩摘要和直播片段截取三种方式。

（1）录制直播画面。直播策划者可以将直播画面全程录制下来，即一边做实时画面的直播，一边录制，当直播完成后，直播策划者就可以用录制的文件来制作直播回放视频，供错过观看实时直播的用户观看。

直播策划者在制作直播回放视频时，可以在视频中添加片头、片尾、名称、主要参与人员等重要信息，并为视频设置统一的封面图，以增强直播回放视频的吸引力。图 7-3 所示为某品牌在淘宝直播上发布的直播回放视频。

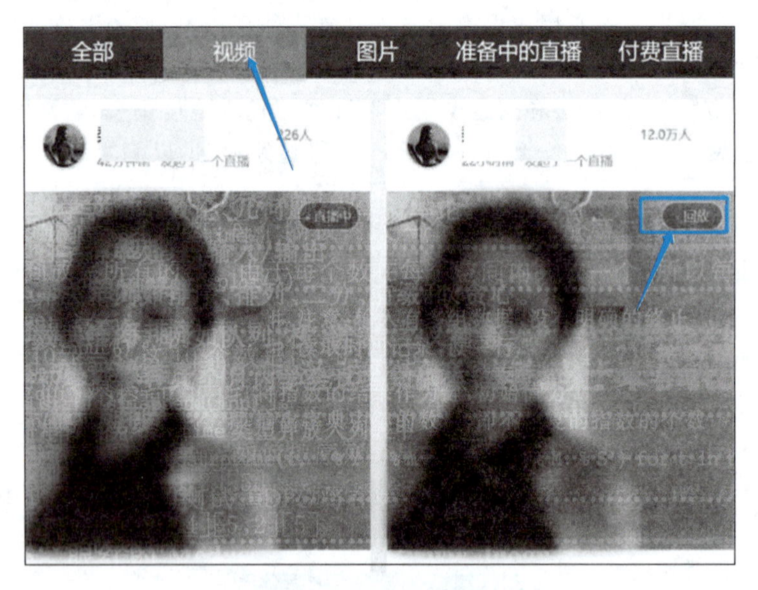

图 7-3　直播回放视频

（2）直播画面浓缩摘要。直播画面浓缩摘要的制作流程与电视新闻的制作流程基本相同，即直播策划者将直播画面录制下来后，删除那些没有价值的画面，选取关键的直播画面制作成视频，并为视频画面添加旁白或解说。

（3）直播片段截取。直播策划者可以从直播中截取有趣、温暖人心、有意义的片段，将其制作成视频发布到网上。例如，李佳琦会将自己直播中的有趣片段剪辑成短视频，在快手和抖音平台上发布。

2）软文

直播策划者可以将直播活动的细节撰写成软文，发布在相关媒体平台上，用图文描述的形式向用户分享直播内容。直播软文内容可以从分享行业资讯、观点提炼、分享主播经历、分享体验和分享直播心得等角度切入。

3. 选择合适的发布平台

确定了传播形式以后，直播策划者要将制作好的信息发布到合适的媒体平台上。如果是视频形式的信息，可以选择发布在抖音、快手、秒拍、视频号、爱奇艺、微博等平台上；如果是软文形式的信息，可以选择发布在微信公众号、知乎、百家号、虎嗅网等平台上。

实训任务

通过学习直播实施的过程，选择自己感兴趣的一款产品，试着在课堂上演练直播带货，把学到的知识运用到实践中，做到学以致用。

实训背景

平日直播中的促销活动。

实训目的

使学生更好地理解直播的过程。

实训步骤

（1）确定产品与定位。

（2）策划直播内容。

（3）准备直播设备和环境。

（4）开始直播。

（5）推销与销售。

（6）直播总结与反馈。

项目总结

直播作为一种新兴的营销方式，具有实时互动、真实展示产品、增强消费者信任等诸多优势。通过直播，商家可以更有效地与潜在客户沟通，提高销售转化率。在进行直播之前，需要进行充分的准备工作，包括选择适合直播的产品、确定直播的主题和内容、准备直播设备和环境等。宣传推广也是直播前的重要环节，可以通过社交媒体、广告等多种渠道吸引观众关注。

直播过程中，主播需要具备良好的沟通能力和销售技巧，能够吸引观众的注意力并引导他们产生购买意愿。与观众的互动也是非常重要的，及时回答观众的问题、解决他们的疑惑，可以增强观众的信任感和购买欲望。

直播结束后，需要及时跟进订单处理和售后服务，确保客户满意度。同时，对直播效果进行总结和分析也是必不可少的环节，以便优化未来的直播策略和内容。

拓展阅读

直播带货中的版权纠纷案

主播王某在其直播间中销售了一款独特设计的饰品。这款饰品因其别致的设计和相对亲民的价格，在直播间内受到了观众的热烈追捧，销售额一度达到数十万元。然而，好景不长，一位设计师发现王某销售的饰品设计与其原创设计高度相似，涉嫌侵犯其版权。设计师决定通过法律手段维护自己的权益，于是向法院提起了诉讼，要求王某停止销售并赔偿损失。

设计师向法院提起诉讼后，王某作为被告应诉。在庭审中，双方就饰品的设计原创性、是否存在侵权行为等关键问题进行了激烈的辩论。设计师提供了原创设计的证明、版权登记证书及相关销售数据等证据。王某则提供了供应商的证词和进货单据等证据，试图证明自己并无主观侵权意图。

经过审理，法院认为王某销售的饰品设计与设计师的原创设计高度相似，且王某未能提供充分的证据证明其销售的饰品未侵犯设计师的版权。因此，法院判决王某立即停止销售该产品，并向设计师支付一定数额的赔偿金。

因此，主播在选择产品时必须进行严格的审核，确保所售商品不侵犯他人的版权。在本案中，王某因未进行充分的审核而销售了侵权商品，最终承担了法律责任。这提醒其他主播在选品时要谨慎行事，避免类似的风险。本案再次凸显了版权保护的重要性。对于创作者而言，应积极保护自己的知识产权，防止被侵权。同时，社会各界也应加强对知识产权的宣传和保护力度，营造一个尊重知识产权的良好氛围。

项目八

直播数据分析

情景导入

在直播结束后，李磊和王梅组成的学习小组，认识到在直播过程中还存在一些问题，希望可以根据数据分析的结果对直播进行复盘和优化。经过一段时间的学习，他们了解了直播数据分析的基本思路、效果评估直播以及直播优化的策略。

知识目标

- 了解直播数据分析的基本思路；
- 了解直播数据分析的效果评估指标；
- 了解直播数据分析的复盘及优化方法。

技能目标

- 掌握直播数据分析的基本思路；
- 掌握直播数据分析的效果评估指标；
- 能进行直播数据分析的复盘及优化。

素养目标

- 具有高度社会责任感，深刻认识到数据分析在社会发展中的重要作用；
- 培养数据驱动的决策能力以及良好职业道德。

任务一 数据分析的基本思路

一、数据分析概述

1. 数据分析的概念

直播数据分析是指通过对直播过程中的数据进行收集、整理和分析，得出有关观众行为、喜好和直播效果的结论，从而达到对直播内容、策略和运营进行优化和调整的目的。

2. 数据分析的作用

1）了解观众需求

数据分析可以帮助企业了解观众需求，优化直播内容。如通过分析观众的行为数据（在线时长、点赞数、评论数等），可以了解观众对直播内容的喜好和兴趣，从而制订更符合观众需求的内容和策略，提高观众满意度和忠诚度。以某直播间为例，直播团队看到观众弹幕热词中，“吐司”“小番茄”等词占比较高，说明这些商品更能引起观众的兴趣，如图 8-1 所示。

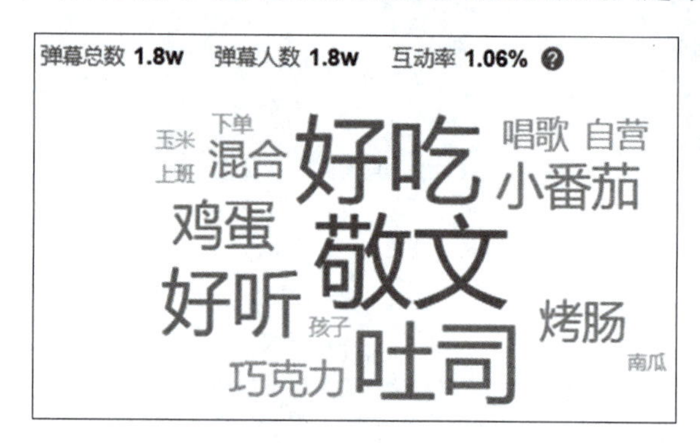

图 8-1　直播间弹幕热词

（资料来源：蝉妈妈）

2）优化直播运营

数据可以为企业的精细化运营提供帮助。例如，通过分析在线人数时间趋势，可以判断哪个时间段的观众最多，进而优化直播开播时间；通过分析热门弹幕词，了解观众感兴趣的话题，下次直播的时候就可以多准备相关的话题点调动直播间的氛围，提高观众的积极性。

3）促进销售转化

提高销售额是数据分析的最终目标。对于直播电商而言，数据分析可以了解观众对直播内容的喜好和兴趣，提高观众满意度和忠诚度，从而增加潜在客户的转化率；此外，在运营过程中，数据分析可以及时了解直播间的运营状况，帮助企业发现直播过程的问题，从而优化直播运营策略，提高直播间的整体运营效果。

二、数据分析的基本思路

1. 明确目标

数据分析的目标由数据分析的具体需求决定。不同的部门有不同的数据分析需求。例如，管理层更关心 PV、UV、订单、收入等核心指标；营销推广部门更加关心涨粉人数、观看人数、流失人数等指标；运营部门更加关注如何提高支付转化率。确定需求时可以使用“5W2H”分析法，如图 8-2 所示。

具体内容如下。

（1）What：是什么？目的是什么？需要做哪些工作？

（2）Why：为什么要做？有没有替代方案？

（3）Who：由谁来做？

图 8-2 “5W2H”分析法

(4) When：什么时候做？截止日期是什么时候？

(5) Where：应用场景是什么？

(6) How：怎么做？

(7) How much：多少？需要做到什么程度？目标额多少？

2. 搭建指标体系

根据不同的数据分析目标，需要搭建对应的指标体系，帮助数据运营人员快速发现问题。直播电商涉及的指标主要有三类：在线人数、进场人数、离线人数等流量指标；累计点赞数、累计评论数、点赞数和评论数等互动指标；商品点击转化率、商品购买转化率等转化指标。

3. 采集数据

数据采集是指从不同来源和渠道收集、提取和整理数据的过程。企业可以通过账号后台、平台提供的数据分析工具（如生意参谋等）、第三方数据平台（如八爪鱼、火车头、后裔采集器等）等渠道采集数据，如图 8-3 所示。

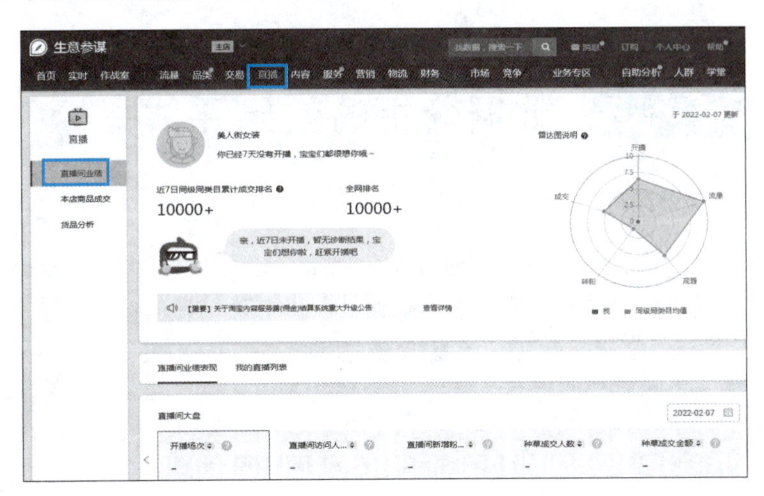

图 8-3 生意参谋数据采集界面

4. 数据清洗

数据清洗是指对采集到的数据进行重新审查和校验，将脏数据转化为满足数据质量要求的数据的过程。常见的数据清洗包括检查数据一致性，处理无效值和缺失值等。可以使用 Excel 中的分列、删除重复值、函数等功能对数据进行清洗，也可以使用 Python 等大数据分析软件清洗。例如，在 Excel 中单击“查找和选择”按钮，单击“定位条件”按钮，选中“空值”，单击“确定”按钮后，所有的空值即可被一次性选中，定位到空白值后，可以选择“删除记录”，如图 8-4 所示。

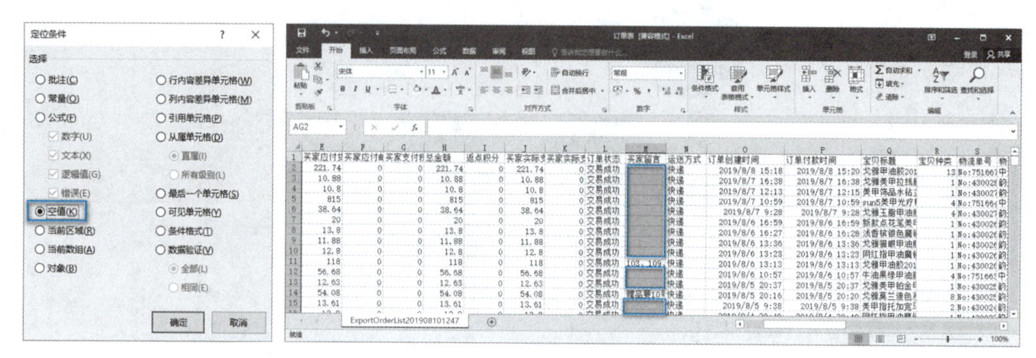

图 8-4　Excel 删除空白值

5. 数据分析

对数据处理完之后，就可以采用合理的方法对数据进行分析。常用的数据分析方法主要有：一是对比法，指将两个或两个以上的数据进行对比，并分析数据之间的差异，例如今年“双十一”的直播销售额和去年“双十一”的销售额对比；二是细分，通过不断细分来定位问题，例如可以从产品属性、时间、用户特征等不同维度进行分析；三是特殊事件分析法，直播数据出现异常可能与某个特殊事件有关，如淘宝直播首页或频道改版、主播变更直播标签、主播变更开播时间段等。因此主播在记录日常数据的同时，也要注意记录这些特殊事件，以便在直播数据出现异常时，找到异常数据与特殊事件之间的关系。

任务二　数据分析的效果评估指标

进行直播电商数据分析的核心是通过对各项指标进行分析，得出与数据分析目标相关的准确结论。选择符合数据分析需求的指标是获得准确结论的保障。直播电商数据分析涉及众多过程指标，常用指标包括流量指标、互动指标和转化指标，这些指标都是衡量直播效果和用户参与度的重要维度。

一、流量指标

流量指标是评估直播电商效果的关键组成部分，它们能够反映直播间的吸引力和观众参与度。主要的直播电商流量指标包括人气数据和粉丝团数据。

1. 人气数据

人气数据包括在线人数、进场人数、累计观看人数、人气峰值、人数等。以在线人数为例，在线人数指的是在特定时间段内，实际正在观看直播的观众数量。这一数据是实时更新的，能够直观地反映直播间的活跃度和观众的参与度。在线人数越多，意味着直播间的吸引力越强，观众对直播内容的兴趣也越高。图 8-5 所示为某直播间人气趋势图。

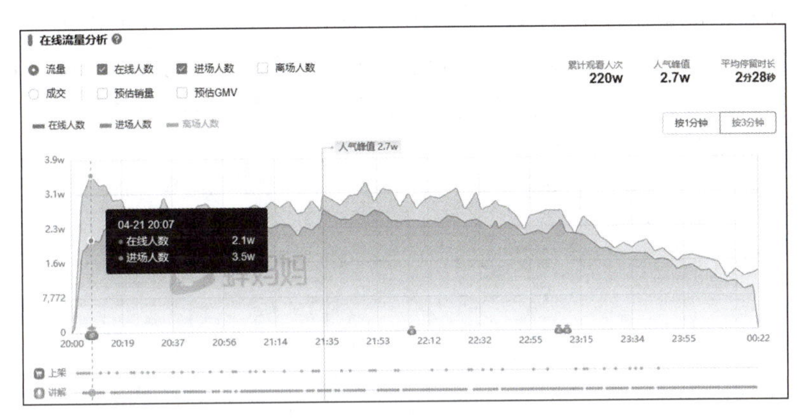

图 8-5　某直播间人气趋势图

（资料来源：蝉妈妈）

可以看出，直播间在线人数峰值出现在直播开始后一个半小时，人气峰值为 2.7 万人，随着直播时长增加，直播间在线人数和进场人数逐渐较少，人气逐渐下降。直播开始时第一次发放福袋在线人数和进场人数均较高，分别为 2.1 万人和 3.5 万人。

2. 粉丝团数据

直播电商粉丝团数据包括本场新增粉丝团、粉丝团增量峰值、峰值时间、涨粉数等数据，这些数据不仅反映了粉丝对直播内容的兴趣和黏性，还能为优化直播策略、提升用户体验和增加销售额提供有力支持。其中，本场新增粉丝团指在本场直播中，新加入直播间的粉丝团成员数量；粉丝团增量峰值指本场直播某时间点的最高新增粉丝人数；峰值时间指达到粉丝团增量峰值的具体时间点；增量趋势图显示了粉丝团粉丝增量的走势。由图 8-6 中的数据可知，本场直播粉丝团增量峰值为 1390 人，时间出现在 15:16，即开播约 16 分钟粉丝团新增粉丝人数达到峰值。整场直播中新增粉丝团数量波动性较大，没有明显趋势。本场直播从开播到下播都不断有新增粉丝，本场涨粉 3852 人。

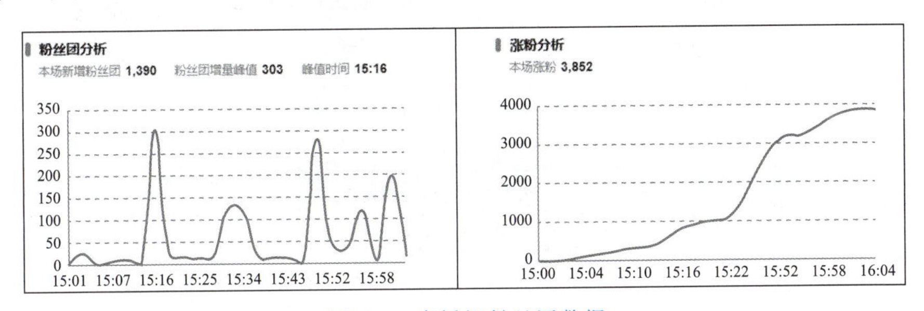

图 8-6　直播间粉丝团数据

（资料来源：蝉妈妈）

二、互动指标

互动指标主要关注用户在直播间内的参与度和互动行为，主要包括点赞数、评论数和弹幕热词。这些指标能够反映观众对直播内容的兴趣、喜好以及互动意愿。图 8-7 所示为按累计量统计和按增量统计的点赞数和评论数，从左边的图可以看出开播约 30 分钟后，点赞数增长逐渐趋于平缓，而整场直播评论数呈直线增长，用户比较活跃。从右边的图可以看出，开播约 22 分钟后，点赞数增量达到峰值，此后点赞数逐渐下降；开播前半小时，用户的评论数增量稳步上升，之后趋于平稳。

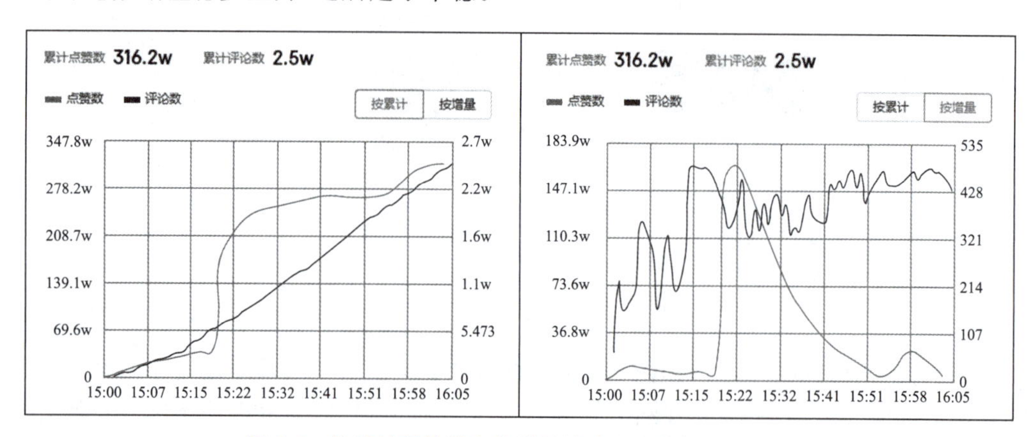

图 8-7　按累计量统计和按增量统计的点赞数和评论数

直播间弹幕热词是指在直播过程中，观众通过弹幕系统发送的频繁出现、具有代表性的关键词或短语。这些热词能够迅速在直播间内传播，并引起其他观众的共鸣和参与，形成互动和讨论的热潮。

弹幕热词的形成通常与直播内容、主播特点、观众群体以及时事热点等因素密切相关。当直播内容有趣、引人入胜，或者主播具有独特的个人魅力时，观众往往会通过发送弹幕来表达自己的观点、感受和情感，从而形成特定的弹幕文化。同时，时事热点和社会话题也可能成为直播间弹幕热词的来源，观众通过弹幕讨论和分享对这些话题的看法。图 8-8 所示为某直播间弹幕热词，看到观众弹幕热词中，“小黄”“裤子”“双肩包”等词占比较高，说明观众对穿搭类商品的关注度较高，可以侧重推广这类商品。

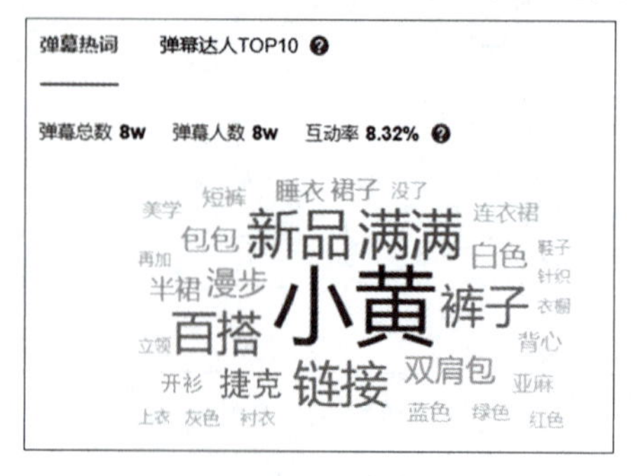

图 8-8　某直播间弹幕热词

三、转化指标

转化指标是评估直播电商效果的关键。这些指标包括转化漏斗数据和直播带货数据两大类。转化漏斗数据包括累计观看人次、商品点击次数、商品销售量，如图 8-9 所示。可以看出，累计观看人数为 949.6 万人，商品点击次数为 28.3 万次，商品销量为 4.2 万件。

商品点击转化率＝商品点击次数÷累计观看人次

商品购买转化率＝商品销量÷商品点击次数

由图中数据可知，该场直播的商品购买转化率达到了 14.85%，该转化率数据是较高的，可见部分用户点击商品后有购买意向。

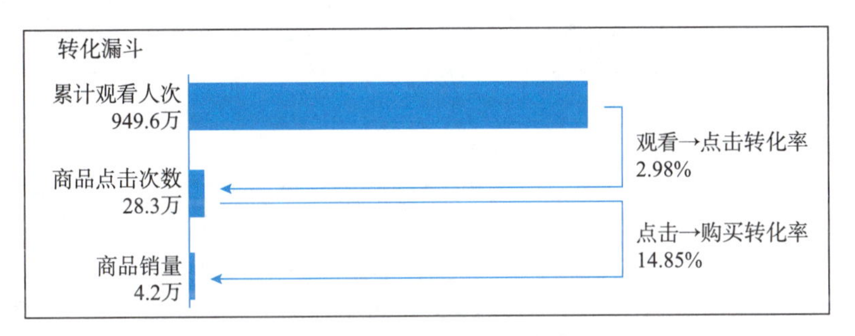

图 8-9 直播间转化漏斗数据

直播带货数据包括销售额、销量、客单价、带货转化率和 uv 价值等指标，它们能够直接反映直播电商的变现效率，如图 8-10 所示。可以看出，该直播间本场预估销售额为 495.7 万元，预估销量为 1.8 万件，预估客单价为 276.21 元，上架商品数为 64 件，带货转化率为 2.38%，uv 价值为 6.57。

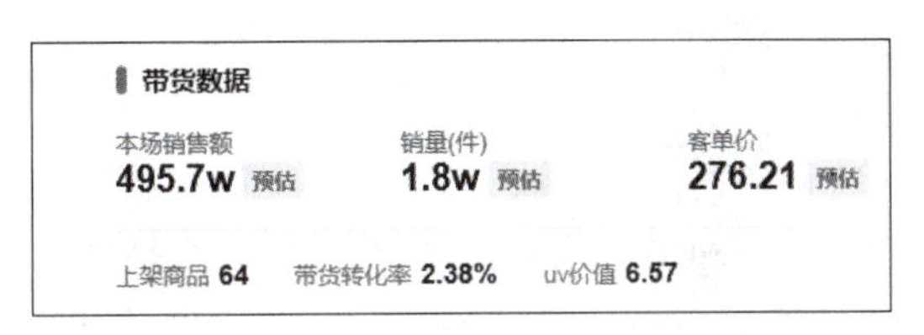

图 8-10 直播间带货数据

任务三 直播数据的复盘和优化

一、流量指标的复盘及优化

为了提升用户体验、增强营销效果并优化运营策略，定期对流量指标进行复盘和优化是至关重要的。进行流量指标的复盘，需要收集并分析相关数据，如在线人数、进场人数、累计观看人数、人气峰值、人数等。这些数据可以帮助我们了解用户的行为模式、兴趣偏好及访问路径，进而发现潜在的问题并寻找改进空间。

1. 在线人数复盘

流量指标复盘最重要的是对在线人数复盘。在线人数复盘分析主要是需要分析在线人数的数值、分析哪个时间段的在线人数最多，观察哪些话题、产品展示或互动环节能够吸引更多观众。例如，2024 年 4 月 24 日在直播间，从 16:21 到 17:16 直播间的人气一直在持续上涨，而峰值出现在 17:16，如图 8-11 所示。也就是说，用户在直播开始后不停地进入直播间，并且这部分用户都愿意留在直播间。

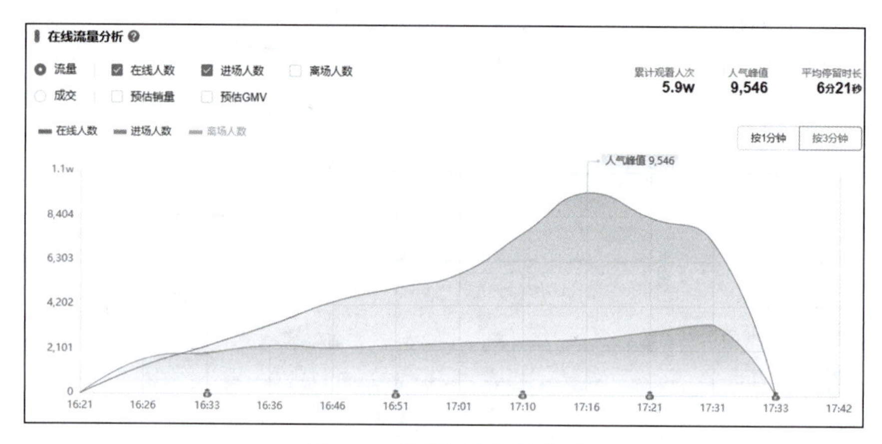

图 8-11　直播间人气趋势图

（资料来源：蝉妈妈）

2. 流量指标优化策略

直播电商流量指标优化是一个持续且综合的过程，需要制订和执行多个方面的策略。以下是一些关键的优化策略。

1）精选商品与优化展示

（1）选择高质量、有特色的商品，确保它们在直播中能够展示出足够的吸引力。

（2）优化商品展示方式，如利用精美的图片、短视频或直播演示，突出商品的独特性和优势。

2）优化直播间场景与氛围

（1）打造美观、舒适的直播间场景，提升观众的观看体验。

（2）营造轻松、愉快的直播氛围，使观众在享受购物的同时也能感受到愉悦和放松。

3）优化直播时段与频率

（1）根据目标受众的在线习惯和兴趣点，选择合适的直播时段，提高直播的曝光率和观看率。

（2）合理规划直播频率，避免过于频繁或稀疏的直播，保持观众的期待和兴趣。

二、互动指标的复盘及优化

互动指标体现的是用户对于直播内容的兴趣度，会直接影响直播间的热度以及系统基于直播间热度的推荐。通过直播平台，直播团队可以获取直播中主播和粉丝的互动数据，然后进行对比分析。一般会着重分析点赞数、评论数等重要数据，关键是分析互动变动。无论数据是上升还是下降，都与直播细节密切相关，比如直播时长短，平台推荐的流量就少，那么进入直播间的观看人数就较少，互动人数自然就少。

1. 新用户互动量低

直播间的新用户在进入直播间后，没有退出直播间，但是也没有参与评论互动，意味着新用户互动量低。原因可能是新用户不熟悉直播内容或主播、直播内容缺乏新意、互动环节设置不当、直播时间与新用户的活跃时间不匹配等。可以采用以下优化策略。

1）简化互动环节

设计简单易懂、易于参与的互动环节，降低新用户参与的门槛。例如，可以设置简单的问答、抽奖或投票等互动环节，让新用户更容易参与。

2）加强主播与观众的互动

主播应主动与新用户互动，回答他们的问题，关注他们的需求，增强新用户的归属感和参与感。

2. 老用户互动量低

老用户互动量低是指直播间的老用户回来观看后，大多没有参与评论互动。原因可能是老用户已经习惯了直播间的内容和风格，可能会感到乏味，从而降低互动意愿。可以采用以下优化策略。

1）创新直播内容

不断引入新元素，丰富直播内容，例如引入新的产品、话题或活动，增加直播间的吸引力。

2）多元化互动方式

设计更多有趣、富有挑战性的互动环节，如问答、抽奖、小游戏等，激发老用户的参与热情。

3）个性化关怀与回馈

根据老用户的喜好和需求，提供个性化的推荐和服务，如定制化的优惠活动、专属礼品等，让他们感受到被重视和关怀。

4）建立社群互动

创建老用户社群，加强用户之间的联系和互动，通过社群活动、话题讨论等方式，增强老用户的归属感和忠诚度。

三、转化指标的复盘及优化

1. 转化指标复盘

直播间转化指标的复盘及优化对于提升电商销售效果至关重要。成交量和成交额是直播间最重要的两个转化指标。如图 8-12 所示，可以发现，当主播开始讲解商品时，商品的销量会出现明显的增长，说明主播的讲解可以促进商品的销售。但商品销量的增长情况不一致，说明有些商品讲解的效果好，有些商品讲解的效果较差，说明可能需要优化引导下单的话术。

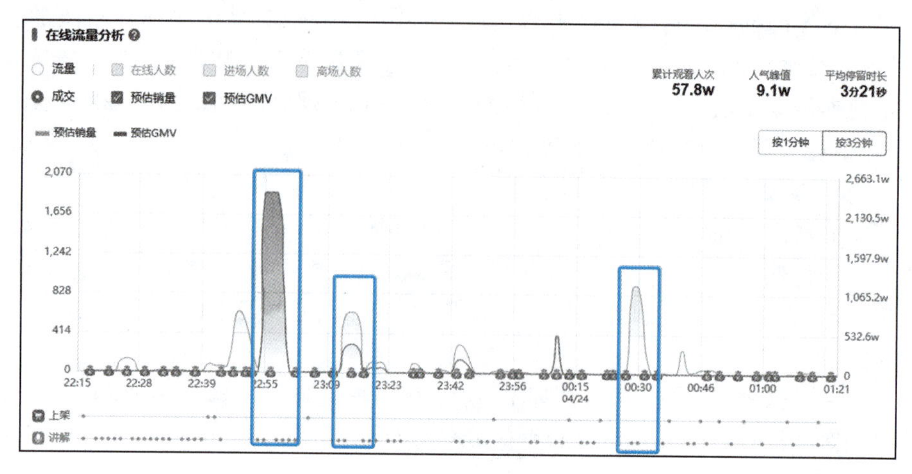

图 8-12 直播间商品销量变化趋势图

（资料来源：蝉妈妈）

2. 转化指标优化

1）优化产品选品与组合

根据复盘结果，调整产品选品，选择更符合目标受众需求和市场趋势的产品。同时，优化产品组合，提高产品之间的关联性和互补性，提升整体销售额。

2）提升直播内容质量

加强直播内容的策划和制作，确保内容有趣、有吸引力。增加产品介绍的详细性和专业性，提高观众对产品的认知度和购买意愿。

3）强化主播培训与互动

提升主播的销售技巧和互动能力，使其能够更好地引导观众下单购买。加强主播与观众的互动，提高观众的参与度和黏性。

4）制订合理的价格策略

根据产品成本、市场竞争情况和目标利润，制订合理的价格策略。同时，结合限时折扣、满减优惠等营销活动，刺激观众的购买欲望。

5）优化购物流程与体验

简化购物流程，提高支付成功率。提供优质的售后服务，确保观众在购买后遇到问题能够得到及时解决。优化直播间界面设计，提高用户体验和购买便利性。

实训任务

实训背景

同学们学习了直播数据分析的方法后，对如何进行直播数据分析、如何复盘以及优化直播在理论上有了较好的掌握，但缺乏实践经验。

实训目的

总结归纳知识点，对学习过程和成果做综合评价。结合某场直播进行直播复盘，描述该直播存在的问题，然后提出相应的优化策略。

实训步骤

(1) 确定数据分析的基本思路。
(2) 确定数据分析的流量指标、互动指标和转化指标。
(3) 对流量指标、互动指标和转化指标进行复盘分析。
(4) 提出相应的优化策略。

项目总结

通过数据分析复盘直播效果及其他项目的学习，小组成员对直播开始前、直播过程中和直播后需要做的工作有了一个全面的了解。

拓展阅读

纠正行业不良风气，亟须给数据"挤水分"

中国互联网络信息中心发布的《中国互联网络发展状况统计报告》显示，截至2020年6月，我国电商直播用户规模为3.09亿。此外，2020年上半年，国内电商直播超过1000万场，活跃主播数超过40万。专家认为，直播电商行业规模仍未饱和，发展空间较大，预计未来两年仍会保持较高的增长态势。

针对直播带货流量造假行为，各地已在加大查处力度。浙江金华市场监管部门近期查处了一起通过刷单为直播带货数据造假的案例，当事人陈某制作的专用流量刷单软件，为电商平台直播虚增观看人数、评论数、点赞数，违法经营额272.6万元。

监管部门认为，通过组织虚假交易、虚假流量刷单等方式，帮助经营者提升直播间粉丝量、点赞数、观看人数等，违反了反不正当竞争法第八条的规定情形，属于帮助虚假宣传行为。

一位律师说，电商直播中为创造噱头而进行的数据"注水"，既是不诚信的行为，也是违法行为。这种做法导致消费者无法正确了解商品和服务的真实状况，同时，扰乱了市场秩序。

中国法学会消费者权益保护法研究会副秘书长陈音江认为，电商、短视频等平台应强化自身监控体系，通过建设流量监测系统，实时监测主播的观看数据和流量数据，对流量造假、伪造销量等情况，及时发现、严肃处理。应将有造假行为的主播列入黑名单。

某省消费者协会副秘书长说，广大消费者在购物时，要谨慎对待直播带货中主播宣称的销量和使用效果，建议仔细甄别考虑后再做购买决定，同时还要保留购物凭证，以便日后维权。

参考文献

[1] 陈应纯,肖永莲 ,李凤. 电商直播营销[M]. 北京:北京理工大学出版社,2021.

[2] 韦亚洲,施颖钰,胡咏雪. 直播电商平台运营(微课版)[M]. 北京:人民邮电出版社,2021.

[3] 张雨雁,应中迪,黄宏. 直播电商与案例分析[M]. 北京:人民邮电出版社,2022.

[4] 苏朝晖. 直播营销[M]. 北京:人民邮电出版社,2021.

[5] 田婧,吴芷菁,闫慧. 直播电商推广[M]. 广州:华南理工大学出版社,2023.